マンガでわかる介護リーダーのしごと

三好 貴之 著
國廣 幸亜 マンガ

中央法規

登場人物紹介

小早川《こばやかわ》 淳史《あつし》(32)

特養ひまわりの事務員。有名大学を卒業後、経営コンサルティング会社に就職。経営コンサルタントとして、8年間で300社の経営コンサルティングを行った。新人時代から抜群の成績を残し、同期のなかでは「エース」と呼ばれていた。突如退社し、特養ひまわりへ。

豊田《とよた》 美樹《みき》(26)

特養ひまわりの介護リーダー。高校卒業後、市内の会社で事務をしていたが、「人相手の仕事」がしたいと、グループホームの介護職へ転職。その後、老健やデイサービスなどを転々として、昨年、特養ひまわりに就職した。就職して半年後、「介護福祉士」の試験に合格し、次の月には「介護リーダー」に任命された。

郷田《ごうだ》 和宏《かずひろ》(56)

特養ひまわりの新人スタッフ。高校卒業後、小さな鉄工所で職人として働いていたが、鉄工所が倒産し、無職となる。ハローワークに行くと「介護の仕事しかない」と言われ、特養ひまわりに就職。コミュニケーション能力が高くないため、他のスタッフや利用者とほとんどコミュニケーションをとらない。

園山《そのやま》 徹《とおる》(28)

特養ひまわりの介護職。高校卒業後、電気工事関係の仕事に就くも続かず1年で退職。その後コンビニのアルバイトや契約社員などの仕事をしていたが、ハローワークから介護の仕事を勧められ、特養ひまわりに就職。現在、特養ひまわり6年目。在職年数がスタッフのなかでも長くなり、自分はリーダー的存在であると自覚する。しかし、実際に介護リーダーになったのは美樹であり、これに対し反感をもち、何かにつけて美樹に反発する。

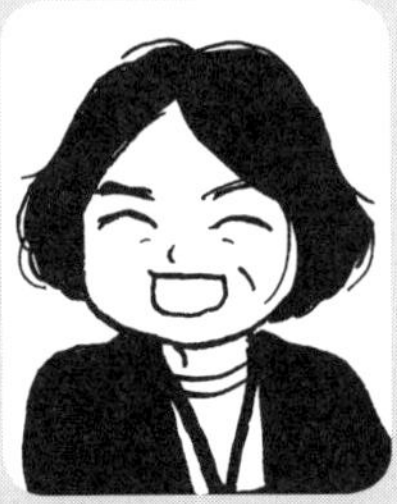

斉藤《さいとう》 友枝《ともえ》(46)

特養ひまわりの介護主任。15年ほど前に次男が小学校に入学したのを機に介護の世界へ。デイサービスや老健、特養などに勤務し、特養ひまわりには7年前に入職。介護福祉士の資格を取って2年前から介護主任に。基本的には保守的で新しいことにチャレンジせず、できるだけ穏便に何事もなく仕事を続けていくことを望んでいる。

はじめに

「介護リーダーって何をする人なんでしょうか?」

私は今から10年ほど前、作業療法士でありながら独学で業務改善や施設経営を学び、自称コンサルタントとして病院や介護施設の業務改善を行っていました。当時は、介護リーダーの本なんて売っておらず、ビジネス書を読みあさり、そこに並ぶ「必ず良くなる」「絶対変わる」のキャッチーな文言を信じて、会議室で意気揚々と演説していました。しかし、結果は「忙しい」「人手が足りない」と反発の嵐です(あれ? 本に書いてあることと違うじゃないか!)。

それから私はいろいろな経験を積み、たくさんの優秀な介護リーダーと一緒に仕事をしていくなかで、「実践知」として本書の内容を行えるようになりました。しかし、不安を抱えながら介護リーダーになる人や、介護リーダーの役割がわからず苦しんでいる人などがたくさんいます。その証拠に、全国でお会いする介護リーダーの皆さんが異口同音に言うのは、10年前の私と同じ、「介護リーダーって何をする人なんでしょうか?」という言葉です。

そうなんです。いまだに介護リーダーの役割は教えられていないんです。ある人は「経験年数が長いから」という理由で、ある人は「良い人そうだから」という理由で介護リーダーになっています。そもそも介護リーダーを決める上司ですら、介護リーダーが何をするのかわかっていないことが多いのです。組織のなかにリーダーシップを語れる人は1人もおらず、みんなで頭を抱えている状況です。このような組織で、本当に良い介護現場が作れるのでしょうか？ これは、何とかしなければ！ こうした思いから、本書を企画しました。

本書はプロローグからはじまり、第1講座から第10講座までの構成で、各講座は、最初にマンガ、次に文章による解説となっています。読み方としては、①最初から普通にマンガと解説を読む、②とりあえずマンガだけ全部読む、③必要なところだけ読むなど、どんな読み方でもOKです(ちなみに、私は②のマンガだけ全部読むタイプです)。要は介護リーダーである自分の役割がわかり、行動できればいいのですから。リーダーシップとは、『考え方』と『その行動』です。これを読んだ方が、それぞれに『考え方』を身につけ、『行動』に移し繰り返すことで、介護現場が良くなり、利用者の利益につながれば、これに勝る喜びはありません。

目次

プロローグ
豊田美樹《とよたみき》(26) 特養ひまわりの介護リーダー 彼女は今 人生の岐路《きろ》に立たされていた
こんなはずじゃなかった……!!
私は与えられた仕事を地道にこなして
平穏《へいおん》に介護の仕事を続けていくつもりだったのに
あの日
介護リーダーにさえならなければ——

2か月前
介護リーダー!? 私がですか？
ええ 豊田さんは若いけど一般企業で事務職の経験もあるしいろんな目で現場をみられると思うのよ
介護主任 斉藤友枝《さいとうともえ》（46）
去年ちゃんと介護福祉士もとったでしょう？
はぁ
それに役職《やくしょく》手当《てあて》が毎月3000円つくからね
！
あなたいつも1人暮らしでお金がないってぼやいてるじゃない
あははは
………
ぼやいてる……
確かに3000円でももらえれば嬉しいかも 私に頼むくらいだからたいした仕事でもないんだろうし……
わかりましたやってみます
そう！よかったわ
こうして介護リーダーとして働き始めることになった

滑《すべ》り出《だ》しは順調だった
——よし！今日の仕事終わり
フーーッ
かえろっと
トン
最初は不安だったけど仕事はだいたい覚えたし
多少雑務《ざつむ》が増えたくらいで3000円お給料UPしたと思えば
おいしい仕事かも
しかし
事件はすぐに起こった
誰《だれ》も…出勤してない？
そんな……
あなたが何もしないから
私たちもしませんってスタッフが言ってきたの
プルルル
プルルル
北川さん来てくれたのねまずは排泄介助《はいせつかいじょ》を！
はいっ
だって私は——
もっとしっかりリーダーシップを発揮《はっき》しなさい！

言われた仕事をやっていただけなのに――
それが昨日の出来事《できごと》……
でもいいんだ
私にはもう関係ないこと
コンコン
失礼します
辞表
ガチャッ
はい
だっ誰《だれ》――?
こんな人事務にいたっけ?
今皆さん出払《ではら》っていて――…
あっ
豊田
豊田美樹さん?
えっ!
なんで名前…

ボイコットされたんだって？
!!
たいしたリーダーだ
その若さで大事件起こすなんて
なに
コイツ……
今は
悲劇のヒロイン
つらさと悲しさで
いっぱいだ
その手に持ってるのは
辞表《じひょう》か何か？
すっごい
失礼
でも もう
面倒なことには
関わりたくない
まっ
あなたには
関係ないこと
ですから
私はもう
辞《や》めるんです
リーダーでも
何でも
ありませんから
ご安心を！
ごめいわくは
おかけしませんから…
逃げるのか？

何も学ばないで
そうやって逃げ続けるのか？
なっ――
あなたに私の何がわかるっていうんですか！
ん――だいたいわかる
えっ
リーダーの仕事が何かも学ばずに
本も読まず研修にも行かず
言われたことだけやって手当はムダな美容品に消える
リーダー？？
まいっか
本ももらったけどー
よむのメンドー
わーい3千円でちょっと高いパック買ったー
はうっ

ムダじゃないですっ ちゃんと 肌のハリとか 出てきてますし
仕事の部分では 反論できねーのかよ
悲しーな
この人 ただの事務の人 じゃないのかも しれない……
でも 介護のことなんか わからない でしょう!?
じゃあ そこまで 言うなら
あなたが リーダーが何なのか 教えてくださいよ!
うん いいよ
え――っ!!
できるんかいっ
アンタ 単純そうだし ボイコット されるなんて 大物かもしれん
じっ
なんの 評価!?
オレは 小早川淳史《こばやかわあつし》

これからお前に
リーダーシップに必要な
10の教えをレクチャーする
明日13時
必ず会議室に来い
じゃ
オレもう
帰るから
ピッ
これは
預《あず》かっとく
からな
これから始まる
リーダーシップの
教えが
なっ
なんなのよー
美樹を
そして特養ひまわりを
変えていくことになる

第1講座

リーダーシップの考え方

そして約束の13時が来た――
……のはいいんだけど
調べてみたらあの男《ひと》
とんでもないヤツだった
有名大学を卒業後経営コンサルティング会社に就職
8年間で300社の経営コンサルティングを行い
新人時代から抜群《ばつぐん》の成績を残し「エース」と呼ばれていた
変なヤツだとは思ってたけどまさかそんなキレ者《もの》だったとは!!
だからあんなに自信満々だったわけだ
ズルイよ最初に言ってよ!!
思わず受けちゃったじゃない
でもそんな優秀な人がなぜ畑違《はたけちが》いの介護施設に?
そして大きな失敗をしたこの私に

一体何を教えてくれるっていうの!?
コンコン
どうぞ——
来たね
ギッ
豊田美樹さん
相変わらずエラそうだわ～
じゃあさっそくいくぞ
カサッ
はい
コレ
ピラッ
□あなたは、どんな部署《ぶしょ》を作りたいですか？
□それは、どうしてですか？

「あなたはどんな部署《ぶしょ》を作りたいですか」
「それはどうしてですか」……?
なんですかコレ リーダーシップを教えてくれるんじゃなかったんですか!?
は——っ
これだからダメリーダーは困るね
ヤレヤレ
なっ…何なんですか 教えてくれないなら帰りますよ!!
むぅ
じゃあ教えてやろう
ピッ
あっ
リーダーシップっていうのは〝答え〟じゃない
ここに書かれていることに対する〝プロセス〟だ
答えのないものにプロセスを示しようもないだろう
だからまず その〝答え〟である 目的や目標を作ろうってことだ
□あなたは、どんな部署《ぶしょ》を作りたいですか?

これは
オレには作れない
リーダーである
豊田美樹さん
にしかね
……
…確かに
私の部署《ぶしょ》なんだから
私が〝こうしたい〟と
思わなければ
絶対そうはならない
え〜っと私は
どうしたいんだっけ？
リーダー
私の〝こうしたい〟
という思いを他の誰《だれ》かが
勝手にやってくれるなんて
都合《つごう》のいいことは
あり得ない
自分で
考えて
やるしかないんだ
この人いちいち
嫌味《いやみ》だけど
言ってることは
正しいのかも……
ねっ ねぇ
小早川淳史さん！
淳史でいいよ
じゃあ
淳史さん！
私の〝こうしたい部署《ぶしょ》〟って
たとえば
「笑顔のあふれる介護現場」
みたいなやつでもいいの？

まあ いいけど…
それどこかで
聞いたことあるし
もっと
お前らしいほうが
いいんじゃないか?
私らしい
〝こうしたい〟と
思うこと
そういえば――
最初は
人相手の仕事がしたいと
思って始めた介護の仕事
感謝されたり
頼られたりして 自分が
必要とされることが嬉しかった
そんなふうに
自分を必要として
頼ってくれる人たちに対して
私が願ったことは
……

その人らしく生活できる
そんな介護現場…
はっ
やばい！変なこと言っちゃった!?
いいね！
!?
えーっ
そうだよなー介護現場ってスタッフは少ないし重労働だし
こっちの都合のサービスになっちゃうけど
人生の最期にアレもダメこれもダメと言われてそんな生活つまらないよなー
なぜか熱く語っている…
この人もしかして
介護が…好きなの？
ほらコレ！
どさっ
えっ
はじめて大丈夫！
介護保険入門
介護保険入門…？

パラッ
この本の最初のページに介護保険法についてこう書いてある
「要介護状態の者が尊厳を保持しその有する能力に応じ自立した日常生活を営むことができるよう」にする
それが介護というものなんだと
これってお前が言ってる
「その人らしく生活できる」ってことだと思うんだよな

私の
思ったことが
介護の本にも
書いてあるの――
?
だからやろう!
お前の考えは
正しいからさ!
うん
これはやろう!
えっ
えっ
リーダーシップ
とは
2つの要素から
成り立つんだ
1つは
「考え方」
もう1つは
「その行動」だ

ポイント解説！

カッチャ！

1 「目的地」を決めることがリーダーシップの第一歩

美樹は自分の失敗を取り戻そうと、淳史にリーダーシップの〝答え〟を学びに来ました。しかし、淳史は、逆に美樹に対して2つの質問を投げかけます。

□あなたは、どんな部署《ぶしょ》を作りたいですか？

□それは、どうしてですか？

リーダーシップの第一歩目は、自分の部署やチームが**「どこに向かうのかを決めること」**です。美樹は「どんな部署にしたいのか」をまったく考えていません。リーダーが考えていないのであれば、スタッフは何が正解かわからず、上から指示されたことを何も考えずにやる「やらされ仕事」になります。チームで仕事をする以上は、みんなで共通した「目的地に向かっている感」やそれを「達成した感」を味わいたいものです。それが、仕事におけるモチベーションであり、働きがいではないでしょうか。

この目的地を決める2つの質問に対し、あなたはどのような答えを出したでしょうか。それは、一見、「未来を想像する」ような、現実感や実体感のないもののように思われるかもしれません。しかし実際は、皆さんがすでに経験している「貴重《きちょう》な経験論」がその答えのベースにあり、さらにそれがどんどん発展しているだけなのです。つまり、この2つの質問の答えはもうすでに自分のなかにあるということです。まだ自分で気づいていないだけなのです。

効果的に目的地を定める2つの方法

では、どのようにすれば、的確に目的地を定められるのでしょうか。それには次の2つのことを心がけてほしいと思います。

❶自分の制約を外すこと

目的地を考えていくうえで、もっとも障壁《しょうへき》になるのが**「自分が作る制約」**です。目的地を考えていくと、「こんなチームにしたい……。でも、今は人がいないから……」とすぐに制約が出てきます。リーダーが目的地にたどり着けない原因は、自分自身で勝手に「制約」の壁を作るからです。

目的地は、今、たどり着いていないから目的地になりうるもので、もちろん、そこに行くにはたくさんの課題を乗

図1－1　ゴールまでの道のり

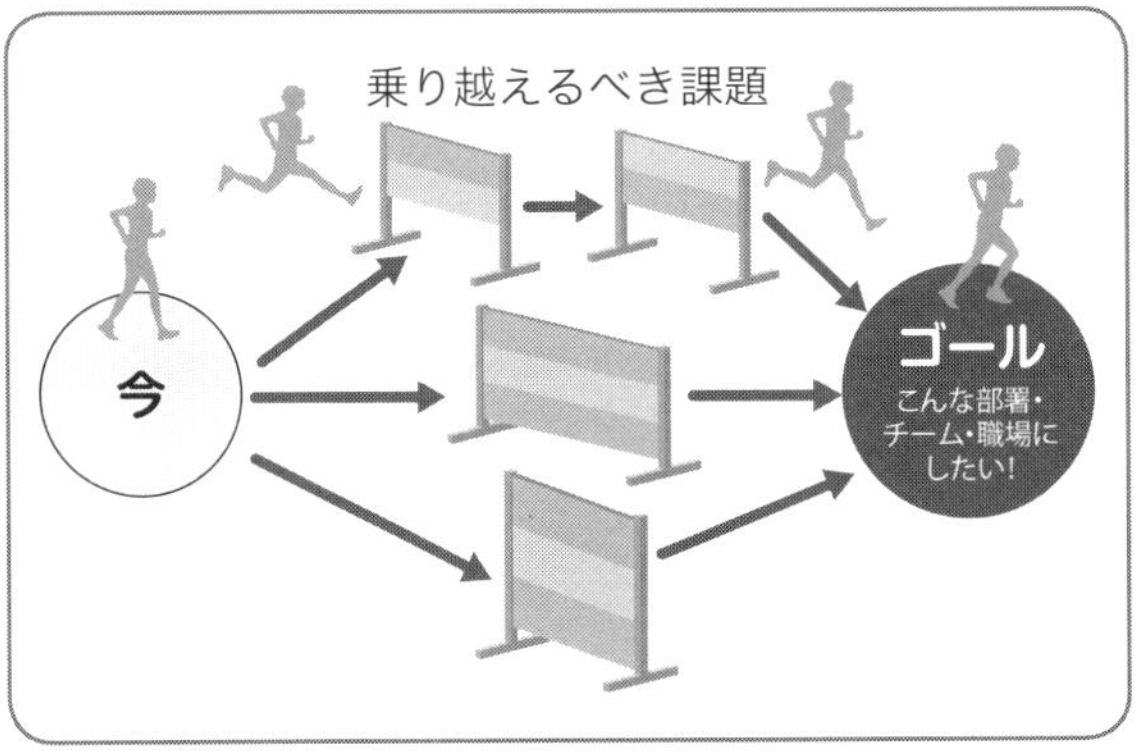

り越えなければなりません（**図1-1**）。だからこそ、向かう価値のある目的地なのです。

最初は、目的地を書いてみても、実感が湧《わ》かないかもしれません。それは、まだ「今」から遠くの位置にあるので、見えにくいからです。今後、さまざまな課題や問題を解決していくことで目的地に近づき、だんだん見えてくるようになるので、自信をもって書いてください。

❷書いて振り返る

そこに書いた目的地は「自分1人ではできないこと」です。そうなると、いつかのタイミングでスタッフに伝えなければなりません。しかし、気をつけるべきことは、思いや考えというのはそれが強ければ強いほど伝わりにくいということです。たとえば、すごくおいしいものを食べた感動を、それをまったく食べていない人に伝えるのが難しいのと同じです。

ここできちんと相手に伝えるために重要なポイントは、**「文章化された言葉で伝えること」**です。残念ながら、思いや考えだけでは相手は理解できないのです。相手にきちんと自分の思いを伝えるためには、「やってみたい」と思ってもらえるように、思いが論理的に文章化され、相手が「イメージできる」必要があります。そして、これにはトレーニングが必要です。

思ったことや見たものを書くというのは案外難しいものです。日記でもブログでも何でも構いませんので、「自分の思いや行動を〝文章で振り返る〟」という習慣を身につければ、あなたの思いや考えが徐々に周りに広がっていくことでしょう。

!

リーダーシップは学んで身につけ、行動すること

❶リーダーシップの「考え方」

そもそも、リーダーシップとは一体何なのでしょうか。本やインターネットで調べてみるとさまざまな定義がされていますが、その言葉を私なりに解釈すると、

「リーダーシップ」…〝誰《だれ》か〟と〝何か〟を牽引《けんいん》すること

となります。つまり、リーダーシップとは「リーダー」という役職があるなしに関係なく、〝誰か〟と〝何か〟を牽引している状態です。これは仕事上に限ったことではなく、日常生活のなかでも、リーダーシップが必要な場面はたくさんあります。たとえば、あなたが家族旅行に行くとします。その時に開かれるであろう「家族会議」で、いつ・どこに行くか、お金はいくらかなど決めるべきことはたくさんあります。そんな時、家族のリーダーであるあなたが、リーダーシップを発揮《はっき》せず、何も決めず、何も考えず、何も行動を起こさなかったら……。

ここでの〝誰か〟は家族であり、〝何か〟は旅行です。

では、介護リーダーの〝誰か〟と〝何か〟を考えます。介護現場での〝誰か〟は「スタッフ」と「利用者」です。〝何か〟はたくさんの種類がありますが、共通しているのはスタッフであれば「仕事上での問題」であり、利用者では「生活上での問題」です。つまり、介護リーダーは、スタッフや利用者の「問題を解決する」ことが求められるわけで、常に問題と向き合ってい

なくてはなりません。ボイコットされた美樹のように「ことなかれ主義」では、介護リーダーの仕事をまっとうしているとはいえません。まず、問題を問題ととらえ、向き合い、スタッフとともに解決していくその先頭を走るのが介護リーダーの重要な役目です。

❷リーダーシップは「その行動」

リーダーシップを発揮するためには、ある程度の「学び」が必要なのと同時に、「学んだことを行動に移す」ことも必要です。私がよく言っているのが、

「リーダーシップは学んで身につけ、行動すること」

です。歩いていたら「富士山を登っていました」なんてことがないように、ただ仕事をしていて「いきなりリーダーシップが発揮できるようになった」ということはないのです。学ぶだけでもだめ、行動するだけでもだめ、この両方が成り立ってこそ、初めてリーダーシップが身につくのです。**リーダーシップは「行動力」**と言っても過言ではありません。**行動から学び取る「実践《じっせん》知《ち》」**なのです。つまり、リーダーシップは、ピアノの練習で徐々にピアノが弾《ひ》けるようになるのと同じように、リーダーとして目的地に向かって次々と問題を解決していくことで、徐々にリーダーシップを発揮できるようになるのです。

第2講座

目的と目標の考え方

「その人らしく生活できる介護現場」これを思いついたのはいいけど――
やっぱり自信ないし失敗するかもしれない…
一体どうしたらいいの？
キュ
1. 目的
2. 目標
キュッ
この2つの違いがわかるか？
えっ違うの!?
そうくると思ったよ
目的と目標
この2つは厳密にいえば違う
目的とは「目指す的《まと》」でありなりたい姿の最終形
目標は「目指す標《しるべ》」進むべき目印だ
目的
その人らしく生活できる介護現場
目標を達成すると目的が見えてくる
解決すべき課題＝目標
今
美樹の言った「その人らしく生活できる介護現場」は目的
その要素をひも解きながら解決すべき課題が目標になってくるのさ

ぼけら〜
おっと これはこれは すみませんでした
ダメリーダーさんにもわかるように説明するよ
なぬ!?
たとえば
美樹は旅行に行くならどこに行きたい？
沖縄――!!
即答だな遊ぶことに関しては
じゃあ旅の「目的」地は沖縄だ
次に沖縄に行くためには何が必要？
うーんと お金でしょ 休みでしょ 安くて良いプラン探してぇ
スキューバにぜいたくディナー 水着も買っちゃおうかなぁ〜
あーハイハイ わかった わかった
楽しいねー うれしいねー
キャッ
沖縄に行くために「必要なお金を貯《た》める」「休みを確保する」「安くて良いプランの選択」「楽しいオプションを入れる」という達成すべきこと
これが「目標」だ
……
沖縄旅行が「目的」で旅行に行くためにやっておかなきゃいけないことが「目標」――
ということは

私が言った「その人らしく生活できる介護現場」が目的で
それを達成するためにやるべきことが目標なんだ!
そうだ!
もう目的は決まった 後はどうすればそれを達成できるかの目標を決めるんだ
でも 目標はスタッフを含めたたくさんの人で決めるほうがいい
!
みんなと一緒に…
だから 美樹が次にとるべき行動は「その人らしく生活できる介護現場」を作ると宣言すること
もう1つはそれを達成するためにやるべき目標をみんなに考えてもらうことだ
はぁ――っ
来週のスタッフミーティングで話すしかないな
でもスタッフに総スカンをくらった私の話を
みんなが聞いてくれるだろうか…

1週間後
では皆さん 現状維持《げんじょういじ》で 秩序《ちつじょ》を大切に お願いしますよ
これでスタッフミーティングを…
あ そうそう
豊田さん みんなに何か 話があるって 言ってたわね
はい――
ザワッ
ザワ…
ううっ 逃げ出したい…
ドクン
ドクン
でも淳史さんに 絶対怒られるし… やるしかないいっ
先日 皆さんが 私の出勤日に来ない ということが ありました
私なりに 考えて… 原因を作った 自分のリーダーシップのなさを 反省しました
本当に すみません でした…
それで今後 私ができることを 考えてみました
それは ここに入所している 利用者さんが 生き生きと 暮らせる場所
「その人らしく生活できる 介護現場」を作る 取り組みをやっていきたいと 思ったんです

皆さん協力してください
よろしくお願いします!
しいいん…
うっ
ノーリアクション…
ずううん
くじけちゃダメだ! 1週間しっかり考えてきたってところを見せないと
では
「その人らしく生活できる介護現場」になるために解決すべき課題をみんなで考えていきたいと思います
なぜ 今の特養ひまわりは「その人らしく生活できる介護現場」ではないのでしょう
あのさぁ
それって自分のリーダーシップのなさを棚に上げて
俺たちが悪いって言いたいわけ?
園山徹《そのやまとおる》…!!
たった2つ年上なだけなのに偉《えら》そうでみんなのリーダーでいっつも私につらく当たる
ボイコットもアンタが首謀者《しゅぼうしゃ》でしょ!?

なんで私の邪魔《じゃま》ばっかりするのよ――――!!
そういう意味で言ったんじゃ…
人手不足のこんな状況でそんな理想はムリだっつーのやれるんなら豊田リーダーがまず1人でやってみてよ
こわいんだよ
ぐっ…
だから1人ではできないんだってば〜〜〜
そうよ豊田さん
まずこの人手不足を解消しないことにはねぇ あなたが言うこと 私たちだってわかってはいるけど理想だけじゃどうしようもないの
以前の失敗を取り戻そうと頑張っているのはわかるけど順序が…ね?
主任もそっち側ですか――――!!
味方してくれるかとおもったのに……
し――ん
また……
私…ひとりぼっちだ
わかりました…順序を考えてきます…

ちょっと!
バーンッ
大反対されちゃったじゃない!!
みんな私のせいにして…
言いたい放題で――…
意外にも淳史さんは私の話を何も言わずに最後まで聞いていた――
まあ宿敵《しゅくてき》園山くんが言ってることも当然だよな
リーダーシップないのにいきなり上から発言されてもな――
ひっ
また味方じゃない!?
「慣性《かんせい》の法則《ほうそく》」って知ってる?
「そこにある物体はそこにとどまり続けようとする」
これは人や組織にも起こり得るんだ基本的に人は変化を好まない
変わりたくないのさ
変わりたくない――…
だからとりあえず宣言したのは成功だ

えっ!!
せ…成功!?
しーんてなってましたが!?
反対派の意見もひっぱり出せたことだし
それを解消しながらやればいいじゃないか
私のしたこと…間違ってはいなかった…?
順序立てて考えていこう
できない原因は人手不足だけじゃない
リスク対策や教育
スタッフ間のコミュニケーション
他にもたくさんあるはずだ
目的達成!!
目標
それを1つずつ解決していく——つまり
目標を達成していくことで
「その人らしく生活できる介護現場」に近づくんだ
沖縄旅行に今すぐ行けるか?
はっ!
やることがいっぱいある
そう!
近道はないんだ
ムリです。
まずは目標を立て1つずつ解決していくこと
次は目標の立て方を説明しよう

ポイント解説！

カッチャ！

1 目的は「的《まと》」、目標は「標《しるべ》」

第1講座のなかで、リーダーシップにおいてまず重要なことは、「あなたがリーダーシップを発揮《はっき》することによって、どこに向かうのかという『目的』を決めること」だと述べました。美樹は目的を「その人らしく生活できる介護現場」としましたが、もちろん、すぐに実現するわけではありません。**その目的を達成するためには、たくさんの「乗り越えなければならない課題」が存在します**。

たとえば、それは旅行に行く過程に似ています。美樹と淳史のやり取りにもありますが、急に沖縄旅行に行きたいと思っても、よほどお金と時間がある人でないとすぐには行けません。そこまでにはもちろん、お金を貯《た》めたり、仕事の休みを取ったりすることも必要ですが、それ以外にも旅行プランを決めたり、同行する家族や友達との打ち合わせなどやるべきことはたくさんあります。また、その目的が「日帰り旅行」と「海外旅行」とでは、目的に到達するまでの「やるべき課題」は違ってきます。つまり、目的地が遠くなれば遠くなるほど、やるべき課題は増えてくるのです。

では、仕事においてはどうでしょうか。美樹は「その人らしく生活できる介護現場」という目的を決めましたが、そこに到達するまでに「やるべき課題」はまだ決まっていません。そこで、これを決めなければなりませんが、**ここで決める「やるべき課題」が、「イコール目**

標」となります。つまり、目標は目的に向かうまでの「標」であり、その目標を1つずつ達成していくことで、一歩ずつ目的に近づいていきます。また、目標を1つ達成するとまた次の目標が出てきて、それを達成した時にまた一歩目的地へ近づいていきます。

組織慣性の法則

目的地に向かうまでにリーダーが最も大変で勇気のいるところは、ほとんどの場合「一番最初」です。映画やドラマではリーダーの前向きな発言で、組織全体が活性化し、メンバーから賞賛《しょうさん》の拍手をもらうシーンがありますが、実際には、そんなことは非常にまれです。では、なぜスタッフは、あなたの言うことに否定や反対をするのでしょうか。その原因である、「組織慣性《そしきかんせい》の法則《ほうそく》」というものを説明します（**図2-1**）。

物理学には「慣性の法則」というものがあるのをご存知でしょうか。その法則とは**「そこにある物体はそこにとどまり続けようとする法則」**です。地球

図2－1　組織慣性の法則

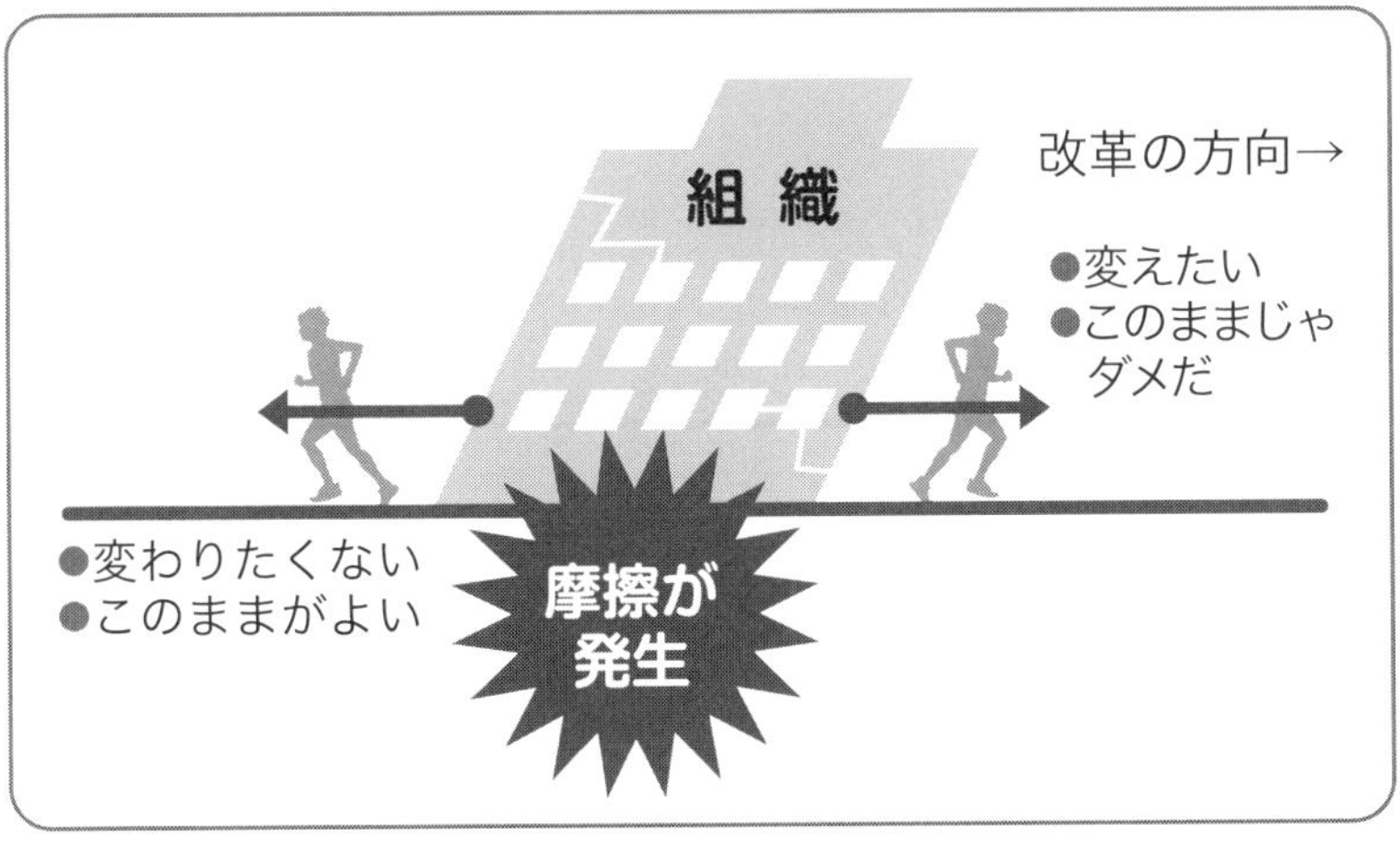

上にあるすべての物体には、重力が働いていますので、地球の中心に向かって引っ張られています。その結果、急にその物体を動かそうとすると、床面との間に「摩擦《まさつ》」が発生します。その摩擦とは動かす方向とは反対方向に働く「反作用《はんさよう》」です。

これは、「保守的《ほしゅてき》な組織」にも同じことがいえます。組織とは基本的には保守的で、「今までのやり方を今まで通りやろう」という心理が無意識に働いています。特に介護施設では、スーパーマーケットやコンビニエンスストアのように「不特定多数」のお客さんを相手にするのではなく、契約した利用者だけの「特定多数」へのサービス提供となります。また、施設の規模が小さくなればなるほど、毎日基本的には同じスタッフで働きます。すると、どうしても**同じ人間関係で、同じ仕事を同じやり方で行うことになり、仕事が徐々に固定化されていきます**。そして、いつしかそれが「正しい」と思い込んでしまいます。そんな状況下であなたが「変えよう！」と声高らかに叫んだとしても、「摩擦」が発生するだけで終わってしまいます。

反対しているのではない、わからないだけ

私も日々、いろいろな職場で数々の提案をしていますが、やはり最初が一番エネルギーを使いますし、また反対されることも多々あります。でも、組織慣性の法則を考えると、このような「摩擦」が発生するのは正常なことであり、必ず通るプロセスであると思います。リーダーシップの重要な考え方として、**「スタッフは反対しているのではなく、わからないだけ」**

ということをあらかじめ知っておくとよいでしょう。

たとえば、美樹の提案に反対した園山ですが、実は、「美樹の提案の中身」に対して反対しているわけではありません。園山は、「美樹の提案自体」に反対しているのです。つまり、「変わりたくない」と組織慣性の法則が働いているのです。

考えてみてください。そもそも、なぜあなたが、「こうしなければならない」という目的を考えられるのでしょうか。それは、あなたが「介護リーダー」だからです。それが考えられ、見えるからこそ介護リーダーになっているのです。しかし、スタッフはまだ自分の目の前の仕事に精一杯《せいいっぱい》で、仕事の目的まで考えが及ばないのです。つまり、この**一番最初に発生する「摩擦」は、時間の経過とともに薄らいでいきます**ので、気にする必要はないということです。

考え方は浸透するのに時間がかかる

ここで私のエピソードを紹介しておきます。ある介護施設において、非常に残業時間が多いことが問題になっていました。そこで私は現場のスタッフに、「残業禁止、する場合にはあらかじめ申請してください」と言いました。

するとどうでしょう。ものすごい反対意見の嵐です。「あなたは現場のことを知らないくせに」と怒られました。それはそうです。現場のスタッフも残業したくてしているわけじゃなく、「必要だと思って」「それが正しいと思って」やっているわけです。そんな時に、残業禁止なんて言われたら、一生懸命やっている自分の仕事を否定されている気持ちになりますよね。でも、冷静になって考えればわかりますが、残業がなくなれば、仕事は楽になるし、プライベートの時間も増えます。子育て世代には、残業がない職場は非常に魅力的《みりょくてき》です。

それから1年間は闘いでした。残業が出ないように、全業務の見直しや無駄《むだ》な業務の削除、会議やミーティングの効率化など、さまざまな対策を図り、最終的に残業は激減しました。すると、あんなに反対していたスタッフは、当たり前のように残業禁止のルールを守っていますし、逆に「なぜ、あの部署《ぶしょ》だけ残業が多いのか」と残業が多いことを問題視さえしています。

つまり、**考え方を変えるというのは「習慣を変える」**ということですので、そう簡単な話ではないのです。そして、時間もかかるということです。あなたが掲《かか》げた目的という的に向かって、その途中にある目標という標を1つずつ、コツコツとクリアしていくことが一番の近道です。

第3講座

役割・仕事の明確化

目標とは「その人らしく生活できる介護現場」に向けて 乗り越えていく課題のこと
それは言い換えれば
職場の問題である
でも 職場の問題を話し合うと給料が少ない 人が足りないとグチの言い合いで終わる
でも それじゃ問題は解決しない
目的
沖縄旅行
目標
未達・ズレ、解決すべき課題
●必要なお金を貯める
●休みを確保する
●安くて良いプランの選択
●楽しいオプションを入れる
現状
¥
あくまでも職場の問題は目的と今の現状を照らし合わせたその「未達とズレ」を指すんだ
沖縄旅行という目的を例にすれば「未達とズレ」が何なのかがわかるだろう
美樹が次にやるべきことは
目標をみんなで立てることだ！
では
今回のスタッフミーティングの議題はすべて終わりましたね
他になければ終了――
あ…あのっ!!

3

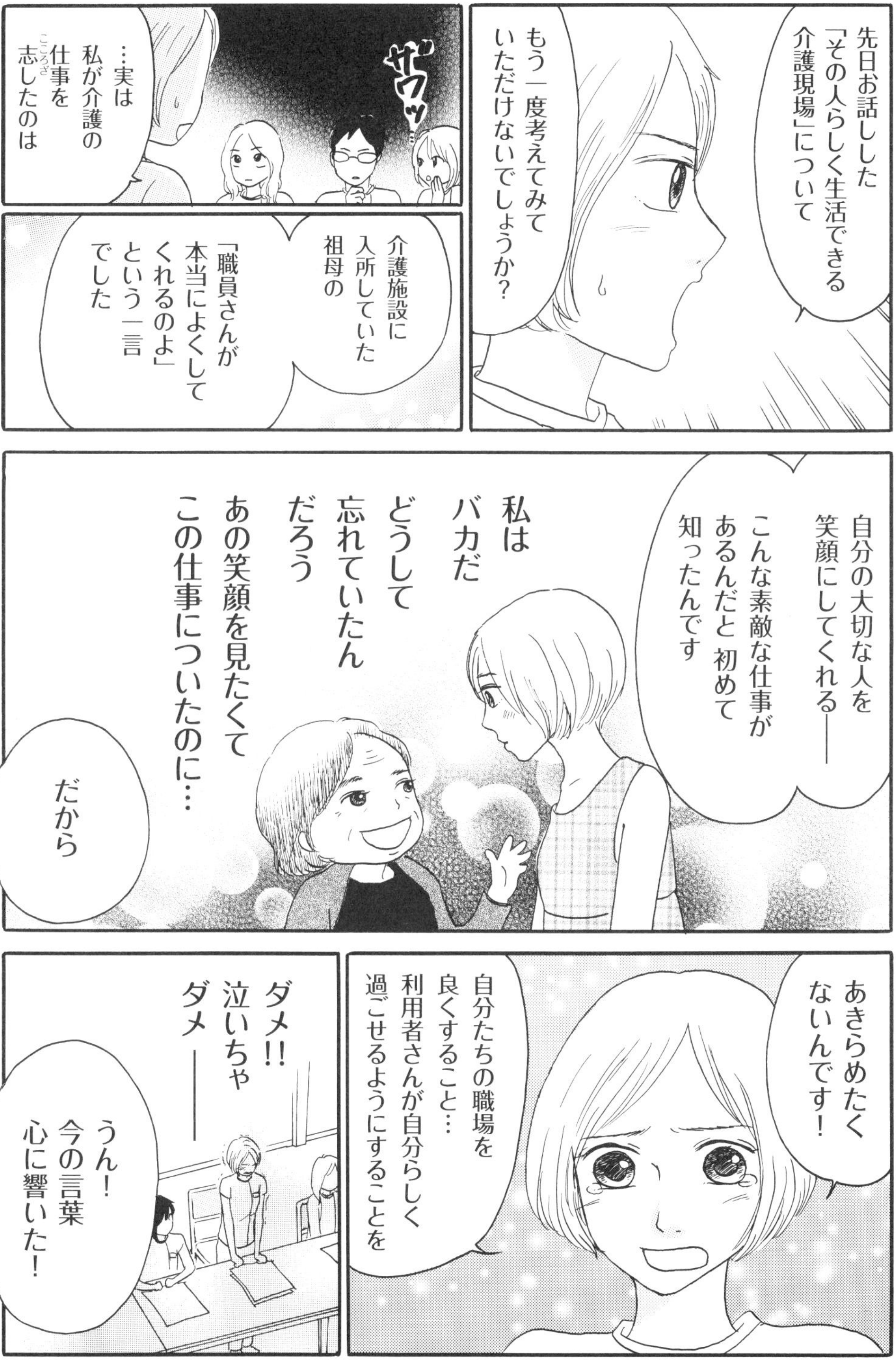
先日お話しした「その人らしく生活できる介護現場」について
もう一度考えてみていただけないでしょうか?
ザワッ…
…実は私が介護の仕事を志《こころざ》したのは
介護施設に入所していた祖母の
「職員さんが本当によくしてくれるのよ」という一言でした
自分の大切な人を笑顔にしてくれる――こんな素敵な仕事があるんだと 初めて知ったんです
私はバカだ どうして忘れていたんだろう あの笑顔を見たくてこの仕事についたのに…
だから
あきらめたくないんです!
自分たちの職場を良くすること… 利用者さんが自分らしく過ごせるようにすることを
ダメ!! 泣いちゃダメ――
うん! 今の言葉 心に響いた!

あ どうも 通りすがりの 事務員 小早川です
!!
オレ 豊田リーダーの 言うこと正しいと 思いますよ
誰《だれ》!?
みんなの心の声
わらってる…
介護のことは よくわかんないん ですけど 自分たちの職場を 自分たちで良くするって 当たり前のことじゃ ないですかね
何だったら ちょっと時間 いいですか
カッ
カッ
あっ ありがとう ございます～
ホワイトボード かりまーす
ハイこの未達と ズレに関して
ちょっと意見 もらえますか?
目的
その人らしく 生活できる介護現場
目標
未達・ズレ、 解決すべき 課題
現状
ただ単にあれがダメ、これがダメは 問題点ではない
キュッ
だーからぁ 人手不足だから それはムリだって!!
いってんだろ
さすが 経験豊富な 園山さん! 貴重《きちょう》なご意見 ありがとう ございます!
えっ
では 斉藤主任 は?
うーん… リスク対策が 不十分なのと 教育かしら 接遇《せつぐう》がまだまだ だからクレームも 多いしね
キュ
キュ
キュッ
はい! リスク対策 教育対策 接遇《せつぐう》ですね

つられて意見を言ってしまったわ
なにかしらこの人…
じゃあ次
豊田さんはどう思うの？
あっハイ
私は介護技術についてです
みんなで統一するというか見直すというか…
ハイ介護技術の標準化と
よし
これで解決すべきことがハッキリしました
あとはこれらの課題を目標に対策を打っていきます
この豊田リーダーが！
皆さんのような人材が揃《そろ》っていながらやる前に投げ出すなんてもったいない
ハッ
聡明《そうめい》な斉藤主任なら
おわかりですよね？
は…はい！
じゃ私は事務仕事があるので
後は豊田リーダーよろしく！

……
ポカーン
淳史さん…
ありがとう
会議室
さー ビシビシ いくぞ！
美樹はすぐ サボリぐせが 出るからな
オレがいないと ほんっと何にも できないし
ほれ！ すぐに解決 すべきことの まとめ！
ハハハハハ
うぐっ
やっぱりさっきの ありがとう 取り消し…!!
えーと
この5つに なるかな
そうだな
つまりこの5つの課題を 解決することが 目標だ
1. 人手不足
2. リスク対策が 不十分
3. 教育対策が不十分
4. 介護技術不足
5. 接遇《せつぐう》が不十分
では 次に やるべきことは
「それぞれの 対策における 役割と仕事の 明確化」だ
どういう こと？
まずは そうだな…
職場が良くなる 体制があるかどうか だよな

たとえば
業務改善委員会を
立ち上げて
そこに情報を
集中させる！
業務改善委員会…
でもこういう会って
うまくいかない
っていうか
それはきちんと
「公式ルール」に
してないからだ
会を始めたはいいけど
誰《だれ》が何を話し合うか
決めていないことが
ほとんどだろう
そういう
時は
委員会が
動き出す
「3つのルール
ブック」を使え
これをもとに
1．組織図
（どのようなチームで
臨《のぞ》むのか）
2．委員会規定
（そのチームはどのように
運営されるのか）
3．業務分掌表《ぎょうむぶんしょうひょう》
（各個人それぞれの役割は
何なのか）
「3つのルールブック」を
作成するんだ
うう〜
また難しそう
ん？
でも これって…
サッカーや野球と
同じじゃない？
みんな
ポジションを与えられて
そこで活躍《かつやく》できるよう
精一杯《せいいっぱい》がんばる
私が選手だったらまず
どんなチームなのか
どんなルールがあって
どんな動きを求められるのか
知りたいもんね
私のポジション！
私はここ！
私はなにをがんばればいい？
これなら
できるかも！
よしっ
実はスポーツ少女だった
美樹は次のミーティングで
配《くば》るための
「3つのルールブック」の
たたき台を作った

そしてミーティング当日
それでは みなさん
配布した3枚の用紙を ご覧ください
なに？
先日 今私たちが やらなければならない 対策として あがったのが ①人手不足対策 ②リスク対策 ③教育対策 ④介護技術の標準化 ⑤接遇《せつぐう》 の5つ
これに関しては 大丈夫 でしょうか？
確かそんな話 いたわね
うん
ではまず 「組織図」を ご覧ください
業務改善委員会
研修委員会
レク・行事委員会
褥瘡対策委員会
安全対策委員会
感染対策委員会
これは現在 特養ひまわりに ある委員会を 組織化した図です
そしてこれを統括《とうかつ》する 部門をこの会議のなかの 「業務改善委員会」 としたいと思います
今ある委員会は 委員会のメンバー以外の スタッフは我関《われかん》せずで ほとんど機能していない
それはみんな 感じとっているはず――
次にその業務改善委員会の 進め方ですが
特別養護老人ホームひまわり　業務改善委員会規定
❶ 名称
本委員会は、「業務改善委員会（以下、委員会）」と称す。
❷ 目的
委員会は、以下の目的のために事業を行う。

業務における現状の分析、業務改善などの計画・実践・評価を行うことで、円滑で効率的な特養運営を図ることを目的とする。
❸ 委員会の構成・運営
① 委員長は斉藤主任とし、運営担当は豊田リーダー、書記は他の介護リーダーが交代で行う。
② 委員は各部署の各介護リーダー及びその代理が担当する。
③ 委員会は原則、週1回水曜日午後12時45分～14時に行う。
④ 委員会は各部署、各委員会に必要事業を振り分け、その事業を統括および整理する。
⑤ 委員会の記録は議事録として保存する。
❹ 委員会の運営事項
① 特養ひまわりの業務改善に関すること
② 人手不足解消に関すること
③ リスク対策に関すること（安全対策委員会と連携）
④ 教育対策に関すること（研修委員会と連携）
⑤ 介護技術向上に関すること
⑥ 接遇に関すること
⑦ その他目的を達成するために必要な事項
❺ その他
「委員会規定」という ものを作成しました

そして必要な役割を示した「業務分掌表《ぎょうむぶんしょうひょう》」

委員長	斉藤主任
運営担当	豊田リーダー
書記	介護リーダー（交代制）
人手不足担当	
リスク対策担当	
教育対策担当	
介護技術向上担当	
接遇担当	

こちらは今後作成していただきたいと思います
ドクン
お願い!! 少しでもいいから
みんな興味をもって――!!
ドクン
こう具体的に見せられると…
ちょっとやれるかもって
……
メンドくせーなー
まっ いいんじゃない やってみましょうか
そーめいな主任なら!!
あっ…
ありがとうございます!!
では まず最初に…
よし よし
まずは第一歩 これからが大変だぞ
その後 人手不足について現場でできる対策を
この業務改善委員会で最初に話し合うことに決まった

ポイント解説！

カッチャ！

効果的な目標の立て方は「あるべき姿」に対する未達とズレ

「目標を立てて、それを達成することで職場が良くなる」というのは誰《だれ》でも知っていることですが、なぜ、それがなかなかできないのでしょうか。それは、目標の立て方が誤っていることが多いからです。では、リーダーがよくやってしまう3つのパターンを示します。

❶目的と目標を混同してしまうパターン

「目的」はあるべき姿であり、「目標」はそこに向かうまでに乗り越えるべき課題です。よく目にするのは、目的しか考えず「理想論だろ〜」と言われて終わってしまうケースです。目的だけでは、当然「取り組むべき課題」が見えていないわけですから、そのような話になるのも仕方がないことです。実際に、行動を起こすために、**目標には「○○する」「□□を解決する」という「行動（動詞）」が書かれている必要があります。**

❷ただ、問題点を話し合ってしまうパターン

「職場を良くしよう！」「業務を改善しよう！」と声を上げるのはいいですが、目的という「あるべき姿」が明記されていないため、話し合いがうまく進まず、最終的には、「あの人が悪いから」「あの部署《ぶしょ》がだめだ」などと責任追及が始まります。残念ながら「あの人が悪いから」と、〝あの人〟を組織の外に出したところで、また新たな〝あの人〟は生まれます。これは、〝あの人〟が悪いわけではなく、〝あの人〟を作り出している職場のシステムや雰囲気《ふんいき》に問題

があるからです。そもそも、あの人が悪いと言ったところで、何の解決にもなりません。

③目標は「新しいこと」「すごいこと」と思い込んでいるパターン

目標を立てると聞くと、つい「新しいこと」「すごいこと」を考えなくてはいけないと思い込んでいるかもしれません。しかし、**ほとんどの目標は「当たり前のこと」であったり、「前々からわかっていたこと」**です。なので、話し合って出てくる目標は、あっと驚くようなことでなくても全然、構わないのです。無理やり新しいことやすごいことを考えたり、やろうとするから失敗してしまうのです。多くの場合、目標となり得るものは、この仕事を志《こころざ》した理由や嬉しかったことなど「自身の原点」である場合が多いです。そこに、重要な目標設定のヒントがあります。

このような間違いが本当に多くのリーダーに見られます。「自分の職場を良くしよう！」と熱い思いをもっているのは大変すばらしいことですが、それをそのままアウトプットしてしまうといろいろな衝突《しょうとつ》や軋轢《あつれき》を生み、結果、失敗してしまいます。

美樹の目的である「その人らしく生活できる介護現場」に関しても、そのまま現場に押しつけてもうまくはいきません。仕事として進めていく以上は、必ず進めていくための枠組みを作り、システムとして動かしていきます。まず、**目標は「あるべき姿という目的に対する未達とズレ」、そして「枠組みとシステムで進める」**という大原則を守っていきましょう。

目的を達成するための3つのルールブックを作る

いよいよ美樹の「その人らしく生活できる介護現場」へ向けて、具体的な話し合いが開始されます。ここで間違ってはいけないのは、「あなた1人だけで勝負しない」ということです。気持ちが強ければ強いほど、どうしても気持ちが先行してしまいますが、**業務改善は「仕組みで進める」もの**です。気持ちは、上がったり下がったり不安定で、目に見えないものです。この不安定で見えないものに積極的に取り組む人はそうそういません。**みんなで取り組むためには、「誰が」「何を」「どういうふうに」するのかが明確になっている必要があります**。これを表すのに3つのルールブックを作りましょう。これは、目標達成のための橋渡しです。では、1つずつ説明していきます。

❶組織図

組織図というと何か仰々《ぎょうぎょう》しい感じがしますが、これはスポーツでいうところの「ポジション」です。たとえば、サッカーにもフォワード、ミッドフィルダー、ディフェンダー、ゴールキーパーとポジションが決まっています。サッカーの場合、監督が「どんなチームにしたいのか」によってこのポジションが変わってきます。もし、このポジションを決めずに、ただ11人をピッチに出したらどうなるでしょうか。おそらく、みんながボールに集まってしまい、点を取るのは難しいでしょう。つまり、**組織図というのは、職場のあるべき姿を達成するために、スタッフ1人ひとりのポジションを明確にしただけのもの**です（**図3-1**）。

私は、問題を抱えた多くの組織の業務改善をしてきましたが、問題のある組織に限って

「組織図がない」もしくは「どこにあるかわからない」「何年も見ていない」など、完全に形骸《けいがい》化《か》している場合がほとんどです。ここで、組織図作成の3つのポイントをお伝えします。

①ホウレンソウを意識すること

まず1つ目は、**「ホウレンソウ（報告・連絡・相談）」を意識して作る**ということです。業務改善していくということは、仕事の方法が変わっていくわけですから、それをスタッフ全体に浸透《しんとう》していく必要があります。しかし、その「変わっていく情報」を誰が誰に伝えていくかを明確にしておかなければ情《じょう》報《ほう》漏《も》れが起こってきます。

職場の人数（n）×（n−1）÷2

これは、職場における「コミュニケーションチャネル」の数です。たとえば、4人の職場では、コミュニケーションチャネルは4本ではなく、「6本」あるということです（**図3-2**）。20人なら「190本」です。この190本のコミュニケーションチャネルを確実に情報伝達しようとすれば、「情報のルート」が明確

図3－1　組織図

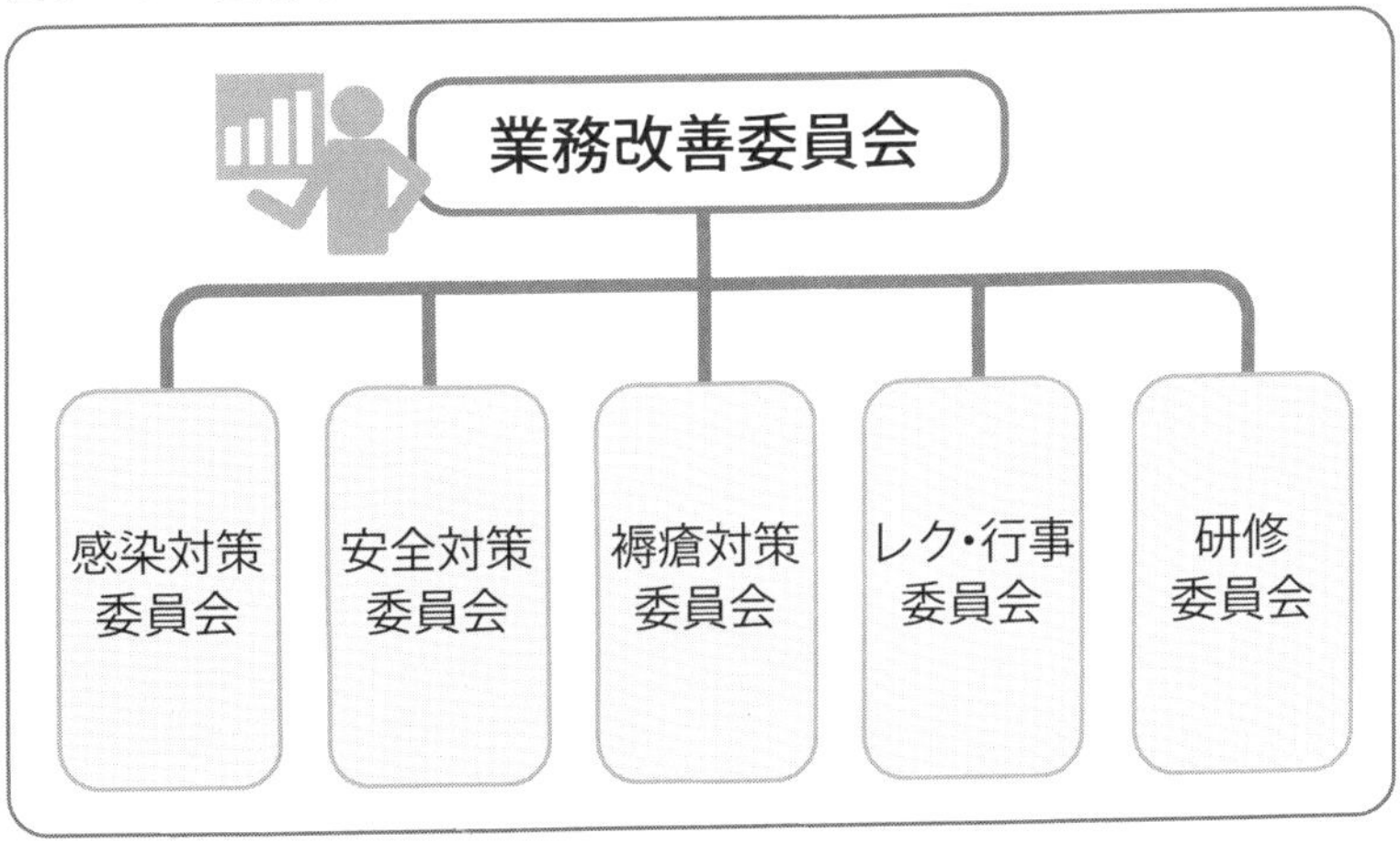
業務改善委員会
感染対策委員会
安全対策委員会
褥瘡対策委員会
レク・行事委員会
研修委員会

でないと、どんなに気をつけていても情報漏れが発生します。

②名前入りにすること

組織図はできるだけ「フルネーム」で名前を入れるほうがよいでしょう。その理由は、やはり名前が入ったほうが組織に対して「帰《き》属《ぞく》意《い》識《しき》」が生まれるからです。仕事の際、勤務表や担当表などに自分の名前があることで、自分が何をすべきかが明確になっていると思います。それを組織図でも行ってほしいのです。自分の名前が入っていない組織図だから「形骸化」してしまうのかもしれません。

③頻回に作り直すこと

「組織図は年に1回作り直す」と思っている人も多いようですが、それは思い込みです。極端なことをいえば、**組織がうまく機能していないのであれば毎日作り直してもいい**くらいです。たとえば、野球でも何試合か点が取れない状況が続くと、打順を変更します。また、相手ピッチャーによっても変えます。それと同じです。情報漏れが多い、事故やクレームが多発するという時は、もしかすると組織のポジションが状況に合っていないケースが考えられます。スタッフの入退職や利用者の重度化など、組織のポジションを変えなければならない要因

図3－2　コミュニケーションチャネルの数

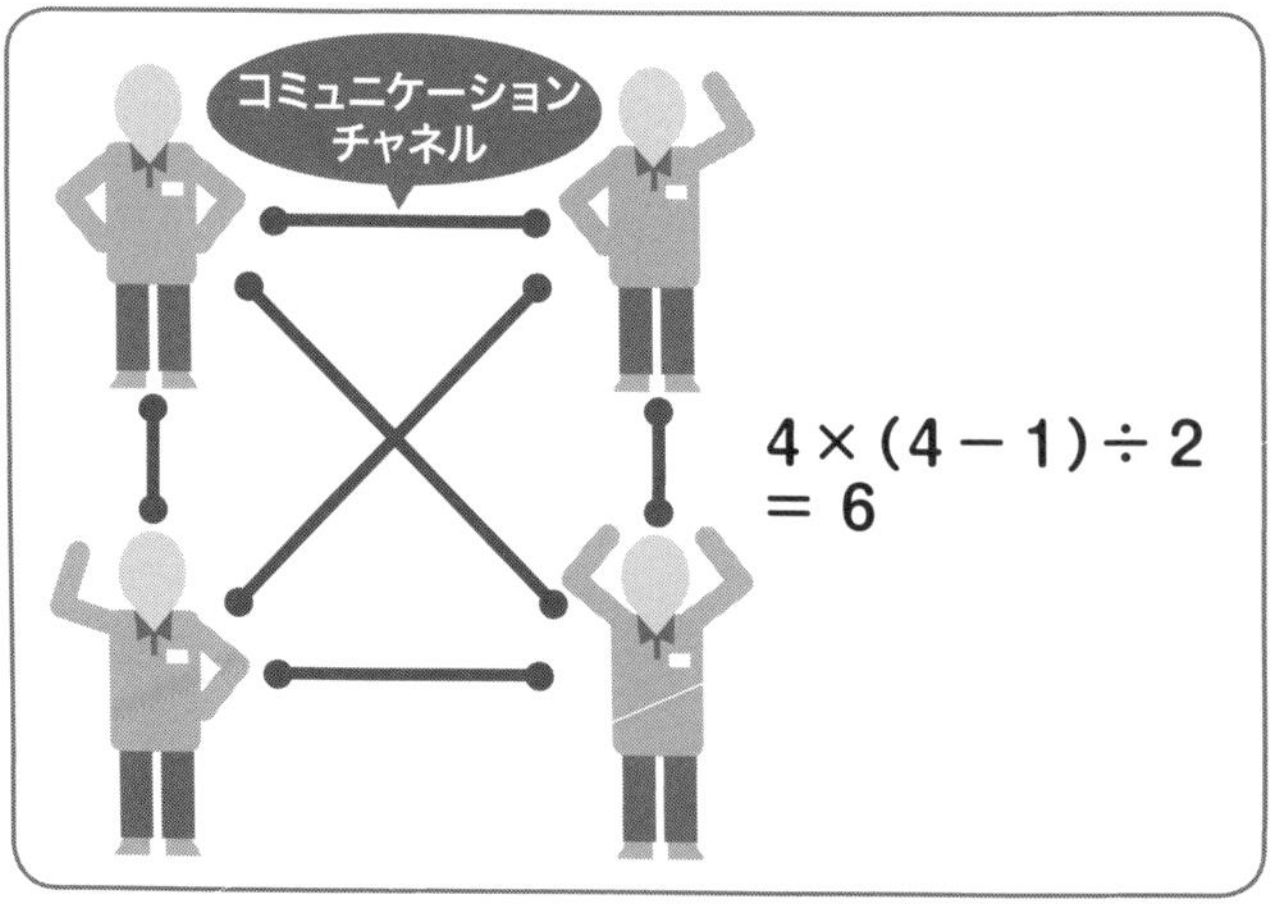

は結構あります。しかし、その状況の変化に対し、組織が対応していないことがあります。状況の変化に対応できるのは「状況に合った組織」なのです。

❷委員会規定

次に、委員会規定を作ります（**図3-3**）。**この規定とは、組織を運営していくうえでの「ルール」**です。

仕事上の組織は、その大きさに限らず、必ず「ルール」で運営していく必要があります。誰か1人の意見で右に行ったり、左に行ったりするようでは、組織としての形をなしません。このような「独裁政権《どくさいせいけん》」

図３－３　委員会規定

特別養護老人ホームひまわり　業務改善委員会規定

❶　名称
本委員会は、「業務改善委員会（以下、委員会）」と称す。

❷　目的
委員会は、以下の目的のために事業を行う。
業務における現状の分析、業務改善などの計画・実践・評価を行うことで、円滑で効率的な特養運営を図ることを目的とする。

❸　委員会の構成・運営
①　委員長は斉藤主任とし、運営担当は豊田リーダー、書記は他の介護リーダーが交代で行う。
②　委員は各部署の各介護リーダー及びその代理が担当する。
③　委員会は原則、週1回水曜日午後12時45分～14時に行う。
④　委員会は各部署、各委員会に必要事業を振り分け、その事業を統括および整理する。
⑤　委員会の記録は議事録として保存する。

❹　委員会の運営事項
①　特養ひまわりの業務改善に関すること
②　人手不足解消に関すること
③　リスク対策に関すること（安全対策委員会と連携）
④　教育対策に関すること（研修委員会と連携）
⑤　介護技術向上に関すること
⑥　接遇に関すること
⑦　その他目的を達成するために必要な事項

❺　その他
その他、業務改善が必要でかつ協議が必要な場合、別途委員会を設置する。

は過去の歴史を見てもわかる通り必ず滅びます。

❸ 業務分掌表

簡単にいうと**「誰が、何をするのか」が書かれているもの**です。たとえば、野球の打順では1番バッターは出塁する、2番バッターはバントで送る、3番、4番、5番はランナーをホームに帰すなどの役割があります。組織も同じように「スタッフは何をする」「リーダーは何をする」というように、**それぞれの役割を印象ではなく、文章で明確にしていきます**（**図3-4**）。

図3－4　業務分掌表

委員長	斉藤主任
運営担当	豊田リーダー
書記	介護リーダー（交代制）
人手不足担当	
リスク対策担当	
教育対策担当	
介護技術向上担当	
接遇担当	

以上、目的に向かい、目標を達成するための3つのルールブックとして、「組織図」「委員会規定」「業務分掌表《ぎょうむぶんしょうひょう》」を紹介しました。すぐに完《かん》璧《ぺき》なものを作ろうとせずに、まず、紙に書き出して、ご自身で考えるなり、みんなで考えるなりして、少しずつバージョンアップしていけばよいと思います。まずはあることが大切です。

第4講座

リーダーのコミュニケーション術

前回の会議で「3つのルールブック」を出したけどこれだけでうまくいくわけじゃないわよね
そりゃそうさ 最初の段階では情報をいかにオープンにできるかが重要だ
情報をオープンにするって？
職務には縦や横に流れがあるだろ？でも何を報告し 連絡し相談するかが決まっていないことが多い
特に介護施設の中は多くの職種が混じっていて複雑だ
どこ？
だれに？
なにを？
相談
情報
情報
情報
情報
だから情報をみんなで共有できないと派閥《はばつ》ができたり縄張《なわば》り意識が強くなってまとまらないんだ
そこでこの「3つのルールブック」が縦横に流れる情報に規則をもたせてどこの部署《ぶしょ》の人が見てもわかるようにするんだ
これが情報のオープン化！
そっか…これで何をどこに報告・連絡・相談すればいいかわかるんだ
そう〝見えない〟情報というものをいかに見えるようにするかなんだ
たとえば「人手不足」を考えた時 まずは何の情報を「見える化」するといい？
えっと…
・・・・・・・

では答えよう!
ハッハッハッハッ
最初から教えてよ
まずは「人手不足」を具体的に考えてみろ
一体いつ・誰《だれ》が・何人足りないんだ?
う～ん
そう言われてみると「足りない」って印象に流されて 深く考えたことないかも
そうだろうな介護業界は人手不足だってイメージがあるけど
パラパラ…
実際日本中の施設が人手不足かといえば決してそうじゃない
ここに人手不足を解決した
特養の施設長のインタビューが載《の》っている
入職者に対し退職者が多いと人手不足が発生する
そこでこの特養では〝働きがい〟を高める取り組みを次々とやってまず退職者を減らしたんだ
働きがい…
うちも退職者が多いんじゃないか?
うん…年間でいえば結構な数が退職して——
ほら!〝結構な数〟という印象でとらえている!!
ハッ!!

まずこの印象をきちんと「見える化」するためには5W1H&数字の法則を使う
キュ
5W1H &数字
キュッ
5W1H&数字？
5W1H &数字
見える化するというのは結局〝誰《だれ》にとってもわかりやすくする〟ということだ
たとえば多い・少ない・ちょっと・すごくなどの表現は 人によってとらえ方が違うけど「1」は誰《だれ》にとっても「1」だろ？
もや〜
たくさん…？
「年間でたくさんの人が退職した」と「年間で25人の人が退職した」ではとらえ方が変わる
あくまでも問題解決のためにはまず問題が見える化されていることが必要なんだ
25人!!
ピーン！
……
美樹はその足で総務に向かい介護職の入退職者の状況を確認した
入職者は18名退職者は22名…
つまり年間で4人が減ったわけだ
各フロアで「いつ・誰《だれ》が・何人不足しているか」挙《あ》げてもらえますか？
この用紙に記入をお願いします！
すると各フロアの合計で「夜勤ができる介護職が4名不足」と出てきた
まさに昨年減った人数と一致！影響が出ているんだ
退職者のほうが多いということは現場の責任もあるんじゃないだろうか…

働きがいのある職場
やっぱりここなんだ これと向き合わないと人手不足の問題は解決しない
よし！業務改善委員会で何をしたいかが決まった！
対策と資料作りだっ
業務改善委員会当日
調査の結果
入職者に対して退職者が多いことが問題と思われます
働きがいのある職場 長く勤めたくなるような職場を作っていくにはどうしたらいいのか
皆さんのご意見を聞かせてください！
だからぁ〜〜〜 それは業界の常識で人はどこもいないの！ 特にうちみたいな給料の安いところはどこも人手不足！ 変えらんないの
こいつぅ〜〜〜 だんだんわかってきたわ 何か理由をつけて結局新しいことをやりたくないんだよね
いいえ
お配りした資料をご覧ください
人手不足を解消した施設もあるんです 対策をとれば少なくとも今よりは――
カサッ
へ〜
それは有名な施設の特別なお話だろ？ ウチじゃムリだって

本当にたった4人の人手不足を解消できないんでしょうか？
有名じゃないと人手不足解消の取り組みをしてはいけないんですか？
多くの介護施設は有名じゃないから人がいないって言いたいんですか？
〜〜〜
むっす〜〜
負けないわよ私だって!!
ではまずなぜ昨年22名の退職者が出たのか考えていきましょう
フーーッ
うわー
だまったよ
その話し合いではいろいろな意見が飛び交った
そして最終的に
退職理由はこの5つかぁ
1.「つながり」が感じられない
2.「成長」を実感できない
3. やりがいを感じない、楽しくない
4.「理想と現実のギャップ」を乗り越えられない
5.「働く意味」を見つけられない
まずこれを淳史さんに見せて——
あっ
これってもしかして…
「マズローの欲《よっ》求《きゅう》階《かい》層《そう》説《せつ》」
よく思い出したな

学生時代に授業で習ったの 確か 人間の欲求を5段階であらわしているのよね
それに当てはめると…退職理由は4番目の「承認欲求」?
自己実現をしたい 自己成長 あるべき自分になりたい
自己実現欲求
承認欲求（周りに認められたい）
所属・愛情欲求（仲間・家族から愛情を得たい）
安全欲求（安全な場所・安定した生活）
生理的欲求（食べる、眠る など）
マズローの欲求階層説
そう
つまり お互い認め合い 助け合うこと
この退職理由は別に介護施設に限ったことじゃない
結局は「働きがい」なんだよ
働きがいかぁ どうやったら作れるのかなぁ
それはズバリ
リーダーのコミュニケーションにかかっている!!
うっ
やっぱりあたしか…
ピッ
大丈夫 この5つをやればいい
オレはこれを
1．自分から挨拶《あいさつ》をする
2．「ありがとう」をたくさん言う
3．仕事中は「さん」づけで、敬語で話す
4．相談には「真剣に」のる
5．自分1人で溜《た》め込《こ》まず、任せる
「サンキュースマイルキャンペーン」と名づけている!

ぷっ
へんな名前
くすくす
ばかやろう!!
このキャンペーンはすごい力をもっているんだぞ
ひくなっ
業界問わずオレが今まで見てきた優秀なリーダーはこの5つの行動を実践していた
トンッ
働きがいのある職場を作るためにはリーダー自《みずか》ら情報を収集し発信することが大切だ
知らなかった 聞いていないはリーダーとして恥《は》ずべきこと!
これから2週間 せめてこの5つのうち「1. 挨拶《あいさつ》」「2. ありがとう」を意識してやるように
またやることふえた~
こうして次の日の朝から
美樹は会うスタッフ 利用者全員に声をかけて歩いた
最初は乗り気ではなかったが
おはよう!! このあいだはありがとう
えっ
ちょっと気持ちいいかも
はずかしいけど
少しずつ自然に挨拶《あいさつ》をするようになっていった
すると他のスタッフから

おはよう！
豊田さん！
大きい声で返してくれたっ
豊田さんちょっと困ったことがあって
聞いてもらっていいですか？
えっ
わ…私？
淳史さん大変!!
ズッ
みんなが少しずつ
報告・連絡・相談してくれるようになったの！
ニッ
挨拶《あいさつ》もせず感謝もしない奴に相談なんかするわけないだろう
相談は相談したい人にするものだ
業務改善委員会の発足や周囲とのコミュニケーションの強化によって美樹のリーダーシップは少しではあるが動き始めた
私は相談したい人になったんだね…
ちょーしにのんなって

4

ポイント解説！

カッチャ！

1 施設内情報の見える化

介護施設の中ではさまざまな情報が行き交っています。特に、入所施設ではスタッフが交代勤務、時間差勤務をしているので、日々、「伝言ゲーム」をやっているのと同じです。おそらく、どこの施設も情報を正確に伝える難しさを感じているものと思います。第3講座の「3つのルールブック」も情報伝達をルール化するものですが、さらに今回は踏み込んで解説します。

❶情報の種類を分ける

施設内では大きく分けて2つの情報が流れています。**その1つが「利用者情報」**です。利用者情報は、「介護記録」「申し送り」「カンファレンス」にて情報が流れていると思います。介護記録であれば、何をどのように記入するのかを明確に決め、ルール化し、チェックします。スタッフによって書き方が違えば、情報伝達時のエラーになりやすいので気をつけましょう。**大事なのは「正確な情報を的確に伝える」こと**です。皆さんの施設にとって最善の記録方法を考え、徹底していきましょう。もちろん、申し送りやカンファレンスも同じくルールを作って、そのなかで参加者が意見を出せるようにしましょう。クレーム対策やリスク対策においてもこの利用者情報の見える化、ルール化はとても大切なことです（**図4-1**）。

そして、**もう1つが「施設情報」**です。これは、研修会案内、行事の確認、労務関係の情報です。こちらも重要な情報である場合が多いわりに、「なんとなく」伝えてしまっているケースが多いようです。

もっといえば、美樹がやっている「業務改善委員会」のような「自分たちの仕事を話し合う会議」がなく、仕事のアイディアを言う場がないという施設も非常に多くあります。これでは、どんどん仕事のストレスが溜《た》まっていく一方です。利用者の話ばかりではなく、「自分たちの仕事の話」もできる場を作るとよいでしょう。

❷5W1H&数字を使って表現する

次に、利用者情報でも施設情報でもいえることですが、正しく確実に情報を伝えるためには**「5W1H&数字」を使って表現することが大切**です。5W1Hとは、次の6つです。

図4－1　情報のルール化

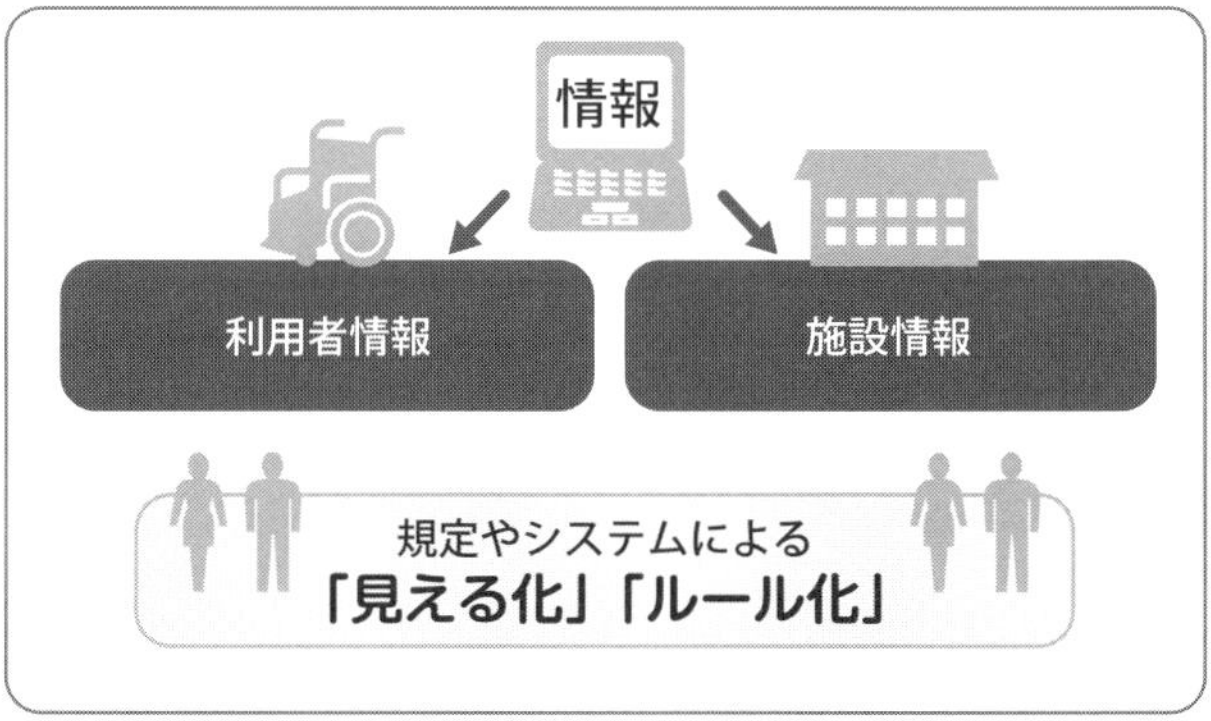

Who（誰《だれ》が）
What（何を）
When（いつ）
Where（どこで）
Why（なぜ）
How（どのように）

「人手不足」の場合、「介護職が（誰が）夜勤帯（いつ）に1人（数字）足りない」と言えば、他のフロアから応援してもらうなど、解決策が出てきます。しかし「人手が足りない」だけだと、誰も解決しようがなく、そのまま経営陣に懇願《こんがん》しても、まず伝わらないと思ったほうがいいでしょう。淳史の言う通り、「多い」「少ない」などの「印象」や「形容詞」では、相手のとらえ方はさまざまです。

わかりやすい例でいうと、「私は毎日残業が多くて、とても忙しい」と訴える人がいる場合、具体的にどれくらい残業しているのかがわからず、解決することができません。そこで、「私は、毎日2時間残業していて、とても忙しい」となると、まず2時間の残業を1時間に減らそうという方向性が見えます。正しく情報を伝えるためにも、また問題解決や業務改善のためにも、リーダーの発する言葉は「5W1H&数字」を意識するとよいでしょう。

人手不足の多くは退職者が多いこと

介護業界では、人手不足が慢性的《まんせいてき》な問題となっています。これは、介護職の育成が施設数の増加に追いついていない需要過多《じゅようかた》の状態だからです。しかし、**全国一律すべての施設が人手不足かというとそうではありません。**魅力的《みりょくてき》な組織作りによって、スタッフの働きがいをきちんと生み出している施設は、離職率が低く、人手不足になっていません。私の経験でも、人手不足を問題視している施設の多くは、「入職者が少ない」のと同時に、**「退職者が多い」という問題**を抱えています。

一般的に退職したいと思う理由は、次の5つになります。

①「つながり」が感じられない
②「成長」を実感できない
③やりがいを感じない、楽しくない
④「理想と現実のギャップ」を乗り越えられない
⑤「働く意味」を見つけられない

これは、マズローの欲求階層説《よっきゅうかいそうせつ》（**図4-2**）でいう「承認欲求」です。マズローの欲求階層説とは、心理学者アブラ

図4－2　マズローの欲求階層説

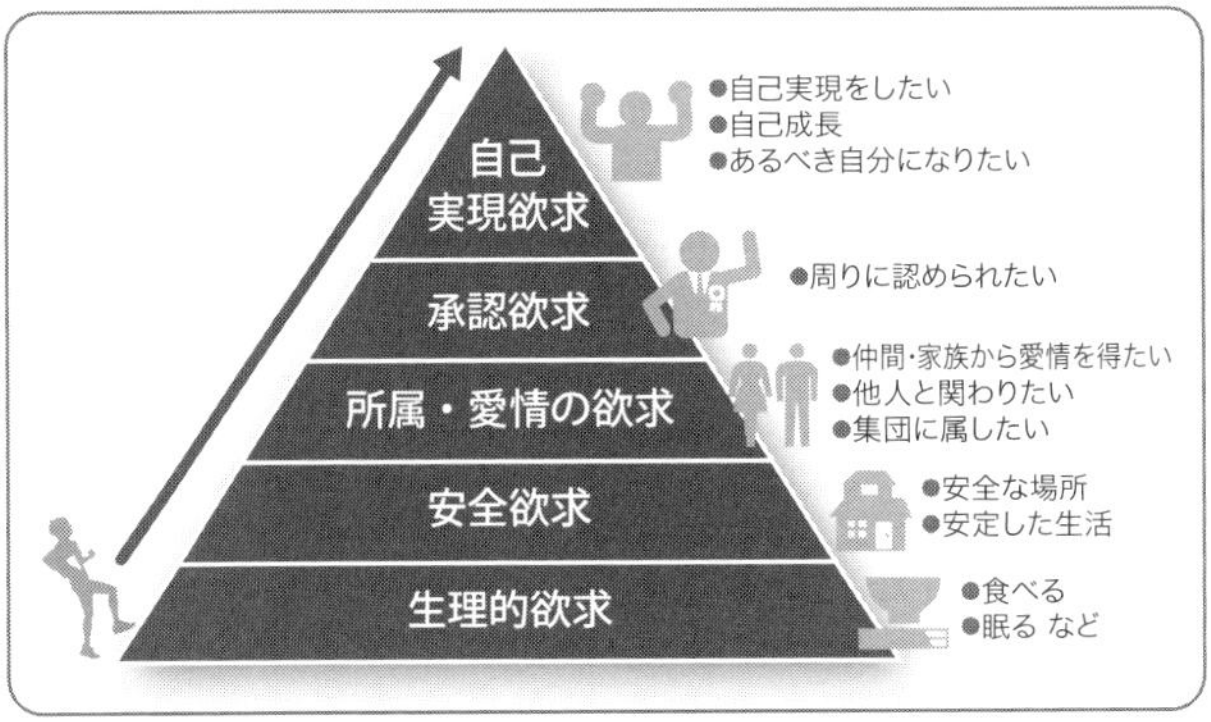

自己実現欲求
承認欲求
所属・愛情の欲求
安全欲求
生理的欲求
●自己実現をしたい
●自己成長
●あるべき自分になりたい
●周りに認められたい
●仲間·家族から愛情を得たい
●他人と関わりたい
●集団に属したい
●安全な場所
●安定した生活
●食べる
●眠る など

ハム・マズローが提唱した、人間の欲求を5段階で示したものです。一番低次な欲求として生理的欲求から始まり、安全欲求、所属・愛情の欲求、承認欲求、自己実現欲求と段階的に上がっていきます。つまり、職場の中で「モチベーションを高くもち、自己実現をする」ためには、その一段階下の「承認欲求」が満たされなくてはなりません。多くの場合「認められる、褒《ほ》められる」という組織風土《そしきふうど》がなければ、「燃え尽き症候群」のように退職していきます。この承認欲求を満たすために、ぜひリーダーの皆さんに実践《じっせん》していただきたいことが5つあります。それは次の通りです。

❶自分から挨拶をする

挨拶《あいさつ》というのは、コミュニケーションの入口です。承認欲求を満たすためには、「あなたは必要な人である」という組織の中での存在価値を感じてもらわなければなりません。それを示すのに最も効果的な方法は、「リーダーのコミュニケーション」です。まず、コミュニケーションの基本となる「おはようございます」「お疲れ様です」などの挨拶をリーダー発信でしていきましょう。

❷「ありがとう」をたくさん言う

組織の雰囲気《ふんいき》を良くするためには、組織内で使われる言葉を良くすることです。グチばかりの職場はやはり雰囲気も悪く、辞《や》めたくもなります。そこで、**リーダーは積極的に組織の雰囲気が良くなるように「ありがとう」を使いましょう**。もし、恥《は》ずかしくて言いにくいのならば、最初は気持ちを込めなくても結構です。言葉というのは不思議なもので、言い続けていると徐々に気持ちが入っていくものです。

たとえば、電話を取り次いでもらった、書類をコピーしてくれた、そして何より、「ホウレンソウ」があるたびに「ありがとう」を発信することで、あなたに情報がどんどん集まってくるでしょう。

❸仕事中は「さん」づけで、敬語で話す

やはりどのような組織でも「公私混同」はよくありません。スタッフ全員に均等にコミュニケーションを取っていくためにも「○○ちゃん」ではなく、きちんと「○○さん」と呼びましょう。私たちはサービス業です。もし、皆さんが買い物に行って、スタッフ同士が「タメグチ」で話していたらどうでしょう。とても気分が悪くなりますよね。やはりプロである以上は、**仕事中はプロとしての立ち居振る舞いを徹底しましょう**。

❹相談には「真剣に」のる

もし、皆さんが何か困ったことや悩みがあった時に、誰に相談するでしょうか？　それは「信頼できる人」だと思います。逆を言えば、信頼しているからこそ相談しているのであって、その相手の大事な相談を「今、忙しい」「それは自分で考えろ」と突き放すというのは、リーダーシップ以前に、通常の人間関係を構築するうえでも問題です。相手は困ったり悩んでいるから相談しているわけで、こういう時こそ、その相手が成長する絶好の機会です。その手助けができれば、こんなにすばらしいリーダーシップはありません。**ここで間違えてはいけないのは、相談にのるというのは「正しい答えを出す」ということではないということです**。ただ聞いてほしいということもあるでしょうし、解決のヒントがほしいということもあると思います。まずは、「相手の話をきちんと聞くこと」が大切です。

❺自分1人で溜め込まず、任せる

何でもかんでも自分1人で溜め込んで、「忙しい、忙しい」というリーダーがいます。しかし、そんなリーダーを周囲の人は「大変ですね」と口では言うものの、本心では「あなたがやりたいだけでしょ」と白《しら》けた目で見ているはずです。また、忙しくてバタバタしているリーダーには話しかけにくいですし、「あの人は人を信頼できないんじゃないの」と不信感を抱くこともあるでしょう。このように**リーダーが自己陶酔的《じことうすいてき》にバタバタしている職場ほど、問題が多くあります**。逆に、リーダーがスタッフを信頼してどんどん仕事の権限委譲《けんげんいじょう》をしているところは、リーダーの仕事の多くは「ホウレンソウ」を受けることです。なので、スタッフは承認欲求が満たされ、退職をとどまるのです。

以上、この５つの行動を私は**「自分発感謝行動《じぶんはっかんしゃこうどう》」**と呼んでいます。**職場のムードはリーダーのムードで決まります**。雰囲気の良い職場作りは、スタッフから始めるのではなく、皆さん自身から始めましょう。

第5講座

納得を作り出す会議手法

美樹のもとへ　さまざまな
情報が集まり出した
スタッフの悩みの多くは
人手不足に集約される
ようだったが
人手不足？　そうじゃなくて　あの人が　悪いのが　問題なんです！
人手不足は　関係ない　ですよ…　自分の　問題です
人手不足と一言で言っても
受け止め方は
人それぞれであった
なるほど
やはり5つの行動は　間違いないな
でもそれに対する　私の答えが　イマイチで…
うーーん…
そりゃ　そうだろうね　ダメリーダーが　出す答えなんて　誰《だれ》も信じるわけ　ないだろう
ダメダメって…　もうそこそこは　できてると思い　ますけど!?
こんなに相談されてるし
そう言われる　淳史さんは　さぞかし立派な　お答えをおもち　なんでしょうね？
フンッ
別に　答えなんて　なくてもいいん　だよ
えっ!!

100%間違いない答えなんてリーダーシップの世界には存在しないんだよ
ガタッ
前にも言った通りリーダーシップとは「誰《だれ》か」と「何か」を牽引《けんいん》することだ
決して答えを見つけて相手に押しつけることじゃない
ポイントは
「説得」よりも「納得」してもらうこと！
そして その方法は——
納得を作り出す会議だ
会議…？
そう 仕事の決定は良くも悪くも会議で決まる
どんなに良い意見も会議で決定されなければないも同じだ

5

でも ウチの会議って 誰《だれ》かがケンカして 雰囲気《ふんいき》が悪くなって 結局何が決まったのか わからなくなるのよね…
じゃあ たとえば そのケンカした人は なぜケンカしたと思う?
うーん 腹が立った から?
はい では何で 腹が立った?
その人じゃ ないから わからない けど――
自分の意見は 聞いてもらえずに 嫌なことを 押しつけられたって いうか
そうだな
自分の意見は 無視されて 嫌なことを押しつけ られると腹が立つ
それが 100%正しいことで あっても…だろ?
子供が親に 「勉強しろ」って 言われて腹を 立てるのと 同じだ

正しいことよりも
まずは
いかに相手に納得してもらうかだ
そうか…
無理に正しいことを言うよりもまずは相手の意見を聞く
っていうことね
でも どうしたらそれができ――
もう答え言ってんだろ
ちったあ自分で気付け！気付けぇぇ
うっ
チッ チッ チッ チッ チッ チッ チッ
はぁ――っ もういいや！答えるぞ
「質問をすればいい」！
えっ会議で質問するの？
そう
質問会議だ

そして
業務改善会議当日
よし！
いくわよ
園山の妨害《ぼうがい》を阻止《そし》する秘策も淳史さんから伝授してもらってるんだから
人手不足に関し 皆さんの意見をまとめたいと思います
まっ 負けないんだから
今回の私は違うのよ
ぷすーっ
この期間で多くのスタッフとコミュニケーションを図ってきた
そして
私の業務改善への意図と最大の問題は「人手不足」だと説明してネタふりしてあることで
納得してないまでも全体の雰囲気《ふんいき》は確実に落ち着いてきているのがわかる
では
この会議ですが 次のルールに則《のっと》って行おうと思います
原則１　１人１票
原則２　すべてのアイディアを受け入れる
原則３　否定発言の禁止
原則４　１分以上の発言禁止
原則５　時間厳守 始まり＆終わり
原則６　結論を出す
原則７　教育の場とする
誰《だれ》かの発言だけが大きくなって他の人の意見が無視されたり意見を言うのが苦手という人にも参加していただくためです
そして
これが秘策《ひさく》——

このふせん紙に皆さんが思う「人手不足」の原因を書いてください
ピッ
「質問会議＋ふせん」!!
ふせんて…
目印につけとくものでしょ?
それで会議?
ザワ…
ザワッ…
ルールは1枚に1項目だけしか書けないということのみです
たとえば原因が「給料が低い」であれば それで1枚になります
では お願いします
やっぱり淳史さんの言う通り
みんな なかなか書き出せないでいる…
?
う～ん
どうするの?
でもこういう時にこの話をしろとすでに教わってきた
皆さん! そこに書いてもらう意見は必ず必要なものなんです
会議は「会」して「議」する場所——
どんな意見にも価値があります 新人やベテラン さまざまな立場があるから集まり 意見を交わす必要があるんです
皆さんの意見は正しい 間違っているに関係なく
今日の議題を決めるのに必要な意見なんです

5

あっ
かいてみる…?
うん…
みんな書いた!
そして
カリ…
園山まで!?
5分ほどたったら1度ストップし意見を発表してもらった
「理事長の顔が怖い」
どっ!!
たしかにー
あはははは
あるスタッフが発表した時笑いが起こるなど 次第《しだい》にみんな声を上げるようになり 50ほどの意見が出た
今度はそのふせんを動かしながらグループ分けしたり重ねたりしていろいろ話し合った
美樹も 参加者の1人として意見を出し最終的に3つくらいに絞《しぼ》れるのではないかという結論になった
1. リスク対策が組織的にとられていないのが不安
2. 教育がしっかりしていないので仕事に慣れるまで時間がかかる
3. スタッフのモチベーションが低く職場のムードが暗い
お金や処遇《しょぐう》に対する意見は意外と少数なんだ
むしろ3つ目のモチベーションを問題視する声が圧倒的に多い
じゃあさ
なるほどー
なんかスッキリしたな
へぇ～
ふんっ

この3つの問題を1つずつ解決していけば 人手不足が解消される可能性が高いってことですよね
新しいスタッフが増えるかどうかはわからないけど今いるスタッフは辞《や》めなくなる
やりましょうよ!
私なんだか楽しくなってきちゃった
すごい
今までの会議とまったく空気が違う
こんなに意見が出るなんて
まさか笑いが起こるなんて
想像したこともなかった
納得を作り出す会議か……
また淳史さんに驚かされちゃったなぁ
こうしてこれから取り組むべき課題が決まっていったのであった

ポイント解説！

カッチャ！

1 行動化のカギは「説得」ではなく「納得」

介護施設の中ではたくさんの会議が行われています。たとえば、サービス利用を開始する時には「サービス担当者会議」があり、「申し送り」「業務改善会議」など施設を運営するうえで必要な会議もたくさんあります。では、皆さんが運営もしくは参加している会議に対して質問です。次の項目に当てはまればチェックを入れてください。

- □ 1. 会議の目的がはっきりしない
- □ 2. 時間通り始まらない、終わらない
- □ 3. 意見を言う人、言わない人が決まっている
- □ 4. 感情的な対立や個人責任の追及がある
- □ 5. 何が決まったのかわからない
- □ 6. 特定の人の発言時間が長い
- □ 7. 声の大きい人の意見が結論になる
- □ 8. 本来の議題から論点がずれる

1つでもチェックが入っていれば問題です。では、これを問題別に解説していきます。

❶1・2にチェックが入っている場合

どのような会議でも、「目標管理」と「時間管理」が行われています。まず、目標管理に関しては、人手不足の介護現場において、基本的に不要な会議は設置されていないはずであり、全部必要な会議です。しかし、その会議の趣旨や目的が明確になっておらず、また会議のなかで決まった情報の流れも明確になっていないことが多く、結果、会議のための会議になっているケースも多々あります。こういう場合には、「会議規則」などを作り、会議の公式ルールを整備していきましょう。

次に、時間管理では、「決まった時間にメンバーが集まらない」という問題があります。私も多くの介護施設で会議をやっていますが、**会議の時間通りに集まれない施設は、会議以外でも時間にルーズ**です。「忙しいから」「人がいないから」という理由で会議に遅刻してきますし、同じ理由で他の会議や研修会も遅刻し、そのうえ、非常に残業が多いのも特徴です。つまり、仕事全般に「時間管理」が徹底していないのが問題です。まず、会議だけではなく業務全般のスケジュールや人員配置の見直しが必要でしょう。

つまり、1と2は、会議の中身よりも「準備不足」です。再度、しっかりと会議の準備を行い、みんなが必要だと思うような目的、参加できる時間帯などの検討が必要でしょう。

❷3～8にチェックが入っている場合

これらは、「会議の中身」の問題です。特に会議の司会者と参加者のスキルの問題です。

会議にもある程度の「スキル」が必要です。これらの問題を解決するために、会議の進め方を見直していきましょう。

まず、会議全体を見直す場合、意識してほしいのは「正しいことを押しつける」やり方では、組織は動かないということです。組織を動かすためには、「説得」よりも「納得」が必要であり、**いかに会議のなかで「合意形成《ごういけいせい》（コンセンサス）」を生み出せるかです。**意思決定のなかには、「多数決」「じゃんけん」「鶴《つる》の一声《ひとこえ》」など多々あります。民主主義のルールでいくと基本は「多数決」ですが、これだけ価値観が多様化した世の中で、「多数の意見が全体の意見」ではなくなってきています。

では、合意形成を生み出すのにはどうしたらよいかというと、**「答えにたくさんの人の意見が反映されている」という状態を作り出すこと**です。そのためには、淳史が美樹に教えた「質問」と「ふせん」を使った会議手法は非常に効果的です。おそらく、多くの会議が意見が出ずに困っている、もしくはただ反対する人が出てきたり、評論家のようにダラダラとしゃべる人が出てきたりと、全然まとまりません。こういう時に役立つのが、**「ふせんを使った質問会議」**です。手順は簡単です。次の5つのステップを踏んでいきましょう。

①質問をする

会議の司会者は参加者に質問します。いきなり「AとBどちらがよいでしょうか」のような、「クローズドクエスチョン」から始めると対立構造が生まれてしまいますので、「原因にはどのようなことが考えられますか」のような、「オープンクエスチョン」から始めるとよいでしょう。

②ふせんに書く

多くの司会者は、すぐに答えを出そうとして「○○さんどうでしょうか」「皆さん、意見はありませんか」と聞き、失敗しています。先ほど聞かれたばかりの質問に、急には答えられませんよね。ですので、ここで少し「シンキングタイム」を取ります。そして、考えたことをふせんに書いてもらいます。ふせんは、あとで読み上げたり貼《は》ったりしますので、名刺大くらいの大きめのものに記入してもらいます。記入時の注意点は次の2点です。

●たくさん書く

合意形成を作るためには「少数の優れた意見」ではなく「多数の意見」が必要です。この際、正しい、間違いは関係なく、参加者の思ったことを書いてもらいます。参加者として招集された以上は、「その会議に必要な人」であり「どんな意見にも価値がある」ということです。そのことを参加者に徹底し、「たくさん意見を出すことが大事」と説明してください。つまり、ここではたくさんふせんに書いた人が勝ちです。

●1つのふせんに1つの意見

このふせんは「発言」と同じです。一気にいろいろなことを言われても、聞いている側はついていけません。ですので、「1つのふせんに1つの意見」をルールにします。

③1人1枚ずつ読み上げる

司会者は、3分から5分ほど経過したら、そこで一度ストップをかけます。そして、誰《だれ》からでも構わないので書いたふせんを読み上げてもらいます。そして、ここでは一気に全部読み上げるのではなく、1枚読んだら隣りの人へ、1枚読んだら隣りの人へとぐるぐる回していきます。それは**「発言が多いほど参加意識が高まる」**からです。一度の発言よりも、何回も発言しているとだんだん発言しやすくなりますよね。そして、読み上げたふせんは、ホワイトボードや模造紙《もぞうし》の上に貼っていきます。もし、他の参加者で同じ意見があれば「私も同じ!」と重ねてもらいます。また、ここでは「カンニングOK」として、他人の意見に同調する場合も、新たにふせんを書いて重ねます。そうすることで、どんどん意見の数を増やしていきます。また、ふせんを移動させながら、「あ〜でもない、こ〜でもない」と身体を動かしながら進めると、さらに意見が出て、参加意識が高まっていきます。

④「まとめない」から「まとめる」へ

まとめる時間はさほど必要ありません。むしろ、**たくさん意見が出れば出るほどまとめるのは簡単になっていきます**。時間が許す限りどんどん意見を出してもらいましょう。そして、司会者は、終了15分前くらいに「じゃあ、まとめますか」と参加者に指示を出しましょう。すると、おおよそ意見は出尽《でつ》くしているので、参加者の意識は「答えを出したい」という方向に向かっています。また、発言の意図などは、すでに話し合っているのであまり齟齬《そご》も生じません。まとめ方は、「同じ意見で集める」が簡単です。そして、複数挙《あ》がった意見を「重要な順番」「簡単な順番」など、取り組む順番に並び替えれば実行に移せます。

⑤最後に何が決まったかを確認する

そして、最後に司会者は参加者に対し、「今日は、○○が決まりました」とクロージングします。そして次回の会議までに「誰が何をしてくるのか」という宿題も確認しておきます。そうすると、会議はビシッとしまります。もちろん、その後に議事録を作成し、再度、参加者に意識づけを行います。

第6講座

リスク対策の考え方と取り組み方

「リーダーの5つの行動」と「会議手法」によってさまざまな情報が集まり
スタッフからの信頼も増して 美樹は忙しい毎日を送っていた
このままいけばリスク対策も教育対策も自分を中心に進んでいくような気がして
淳史からの再三の呼びかけにも忙しいからと断り続けていた
そんな矢先《やさき》――
豊田さん大変です!
すぐ来てくださいっ
お前たちがやったんだろう!!
お袋は自分で動けねえんだからな!!
どっ…どうされましたか?
この施設はどうなっているんだ
これを見てみろ!!
大きなアザ!
これはおそらく車いすにぶつけたんだ…

でも 昨日までに何も報告はなかった…
一体いつ？誰《だれ》が…？
すみません…少しお待ちください
ガチャッ
どうしよう今日に限って斉藤主任は休みだし——
あっ
淳史さん…
どうかしたのか？
今まで言うことを聞かずにこんな時だけ頼るなんて…でも…
実は
ちょっと問題が——
30分後
いやいや こうやってきちんと対応していただければ私も安心ですよ！
ハハハ
すごい…小早川さんに頭下げてるよ
あの人何者なの！？
さすが淳史さんだ…
あの…私…ごめんなさい
ごめんなさいじゃないだろ!!

謝るのはオレにじゃない
利用者の方にだ!
私はもう大丈夫
とでも思ったか?
リーダーとして一人前
だとでも思ったか?
ふざけるな!
人をあずかる仕事に
ここまでってのはないだろう
反省しろ!
バ
ンッ
!
いつも嫌味《いやみ》しか
言わない淳史
さんが
あんなに
怒るなんて
私…
何を思い上がって
いたんだろう
結局 こんな大事な時に
リーダーとして
何もできなかった…
その日の夕方
斉藤主任が急きょ出勤し
緊急ミーティングが
開かれることになった
――ということで
今回の件についてですが…
あのー
実は私も
あの方の移乗介助中に
足をぶつけたかも
しれません

——！
他にも心当たりのあるスタッフが数人いると 申告があった
そうか…これが初めてじゃないんだな…
まあ豊田さんはまだまだ頑張りが必要のようだけど
何といっても今回の功労者《こうろうしゃ》は小早川さん！
ひと言お願いしたいわ——
リーダーが頼りないので仕方ないですよ
ハハハハッ
!!
——さて この1件についてですが
起こるべくして起こったと言わざるを得ません
調べさせてもらったところ この件に関するヒヤリハットは1件も出ていません
また 過去のヒヤリハットや事故報告書を見ると 移動時の発生が最も多い
しかし 対策は〝気をつけましょう〟レベルで終わっている
ぜひこれを機に リスク対策を全面的に見直していきませんか？
まず私が提案したいのは
ヒヤリハットキャンペーンです

ざわっ
1人に10枚ずつヒヤリハット報告書を渡します
一番先に10枚提出した人が優勝です
賞品は主任からもらってネ
え…? なにそれって?
ざわ…
えっ
ヒヤリハットなんて少ないほうがいいんじゃ…
しかし1週間後
?? またキャンペーン?
集計された結果から見事に事故要因が示された
こうするとよくわかる
事故の要因を洗い出すためのキャンペーンだったんだ…
ではこの事故要因に対して分析していきたいと思います
この一番多いものからやればいいんでしょ?
わかるよそんくらい
ちょっとまたアンタ?
いちいちつっかかってくるんだから〜〜
はい その考えも1つです
しかし 物事には〝頻度《ひんど》〟ともう1つ〝重要度〟というものがあります
〝重要度〟は直接的に事故につながることや即クレームになること
〝頻度《ひんど》〟は多い・少ない
重要度 高
頻度 低
頻度 高
重要度 低
この2つの軸《じく》で考えて今やらなければいけないことから取り組むべきです

項目	件数
転倒	32
外傷	18
誤嚥	6
離設	2
誤薬	14
その他	12

あとは頼りない
リーダーにお任せ
しますので
えっ
皆さんで何から
取り組むか考えて
ください
ぼくは失礼しますんで
バサッ
ふせんと
このボード……
そうか!
事故要因の
重要度と頻度《ひんど》を
図にしてみましょう!
重要度 高
誤嚥
誤薬
離設
転倒
外傷
頻度 低
頻度 高
重要度 低
やっぱり
転倒対策が
必要だ
でも
「みんなで気をつけよう」
では これまでと
同じだし──
ワイ
ワイ
写真を撮るって
いうのは?
俺の兄貴《あにき》が建築業
なんだけど あらかじめ
危険な場所は写真で
撮って みんなで共有
するんだって
うちの施設でも
危険箇所《きけんかしょ》を撮って
全員で見られる
ようにすれば
いいんじゃない?
そっ
園山!?
それいいわね
わかりやすい!
写真を見て
環境改善できる
ところがあれば
そこからやればいいし
介助方法の検討も
みんなでできるわね
実際に写真を
撮ってみると
多くのことに
気づくように
なった
やろーう
やろーう
コイツが
まともなこと
いうなんて……

この床頭台《しょうとうだい》
無意味な所にあって
移乗の邪魔《じゃま》だね
廊下《ろうか》の車いすも
手すりを
塞《ふさ》いじゃって
るよ
麻痺《まひ》のある利用者さんの
ベッドの位置が
逆になってる！
改善できる
ところはたくさん
あるんだね
うん
よし
考えよー
写真を
プリントアウトして
みんなで環境改善の
対策をとっていった
でも 環境改善
だけじゃ限界
がある
どうしても
みんなで統一した
ケアの方法を
考えなくちゃ
うーん
この
『スタッフ同士の
ケアの統一』
というのが一番
難しい
今までは 入浴は特浴か一般浴か
4点杖《づえ》と車いすのどちらを
使うのかなど 変更があっても
統一されず
どっち
だったっけ…？
一般浴
じゃない
かな〜
？
いちいち聞いて回ったり
スタッフ独自の判断で行っていて
これが事故やクレームにつながっていた
しかし
カードを使ってさ
それを見ながら同じ方法で
ケアするっていうのはどう？
兄貴《あにき》の職場で 工程表って
いうのを見ながら各部署《ぶしょ》が
動くらしいんだ
この共通の書式で
動くっていうのが
重要らしい
……
へー
なるほど
わかりやすい
かもー
うん
これもまた園山の提案で
ケアカードを作る
という方法を
試してみることになった
も〜
またアイツの
案が……
ハハハ

そして ヒヤリハットキャンペーン開始から1か月が過ぎた頃《ころ》
写真による危険箇所《きけんかしょ》の共有や ケアカードの活用により
スタッフのリスク対策に対する意識もかなり高まってきた
転倒や外傷などは時に発生しているが
大きな事故は発生しなくなった
リスク対策の基本は「ヒヤリハット」なんだ
私なんて ヒヤリハットは少ないほうがいいと思ってたもんなぁ
園山なんかにいいアイディア出されちゃうし
がくっ
リーダーとしてまだまだだぁ〜〜
がんばらないと
こうしてヒヤリハットの提出量と反比例《はんぴれい》するかのように事故の発生は減少していったのであった

ポイント解説！

カッチャ！

1 ハインリッヒの法則とヒヤリハット

ハインリッヒの法則とは、アメリカのハインリッヒがある工場で発生した事故を調査したところ、1つの重大な事故が発生する背景には29の軽度な事故要因があり、さらにその背景には300にも上る「ヒヤリとした、ハッとした」事故要因があるという法則です。日本でも製造業を中心にこのハインリッヒの法則は知られており、今では医療や介護業界でも同様に、リスク対策の基本的な考え方として用いられています。つまり、**1件の重度な事故には、300件のまだ事故にはなっていない事故の可能性があるわけで、これを「ヒヤリハット」といいます**。

ヒヤリハットに挙《あ》がるものには、「廊下《ろうか》が水で濡《ぬ》れていた」「車いすのブレーキの利《き》きが悪かった」などの些細《ささい》なことであり、「まあ、そんなこともあるよね」と見過ごしてしまいそうなものがほとんどです。しかし、この「そんなこともあるよね」というのが落とし穴で、これを放置することで「転倒事故による頭部外傷」などの重度な事故を招いてしまいます。

これは介護現場以外でも考えられることです。誰《だれ》でも忘れ物をした経験があると思いますが、もし自分が講師をする時の研修の資料であったり、重要な会議の資料であったらそれは重大な事件ですよね。では、なぜ重要だとわかっていたのに忘れ物をしてしまったのかを考えると、「前日に準備をしていなかった」「当日の朝、出る時に確認をしなかった」などの忘れ物をしそうな要因が挙がってくると思います。今までは〝たまたま〟その途中で気づいていただけで、実際に忘れ物をしてしまうというのは、そのどの〝たまたま〟にも引っかからなかったために、起こってしまうのです。

　つまり、忘れ物をなくすためには、「忘れ物をする事前の要因」を洗い出し、それを解決していくしかないのです。**この考え方を「スイスチーズモデル」といいます**。スイスチーズは中に小さな穴がたくさん開いていますが、すべてつながって貫《かん》通《つう》しているわけではありません（**図6-1**）。しかし、偶然が重なり貫通することがあります。これと同じように、重大な事故もいろいろな要因が重なって起こってしまうのです。なので、その穴を1つずつ埋《う》めていくことが対策となり、その第一歩が要因を洗い出すという「ヒヤリハット」なのです。

図6－1　特養ひまわりで発生した外傷事故のスイスチーズモデル

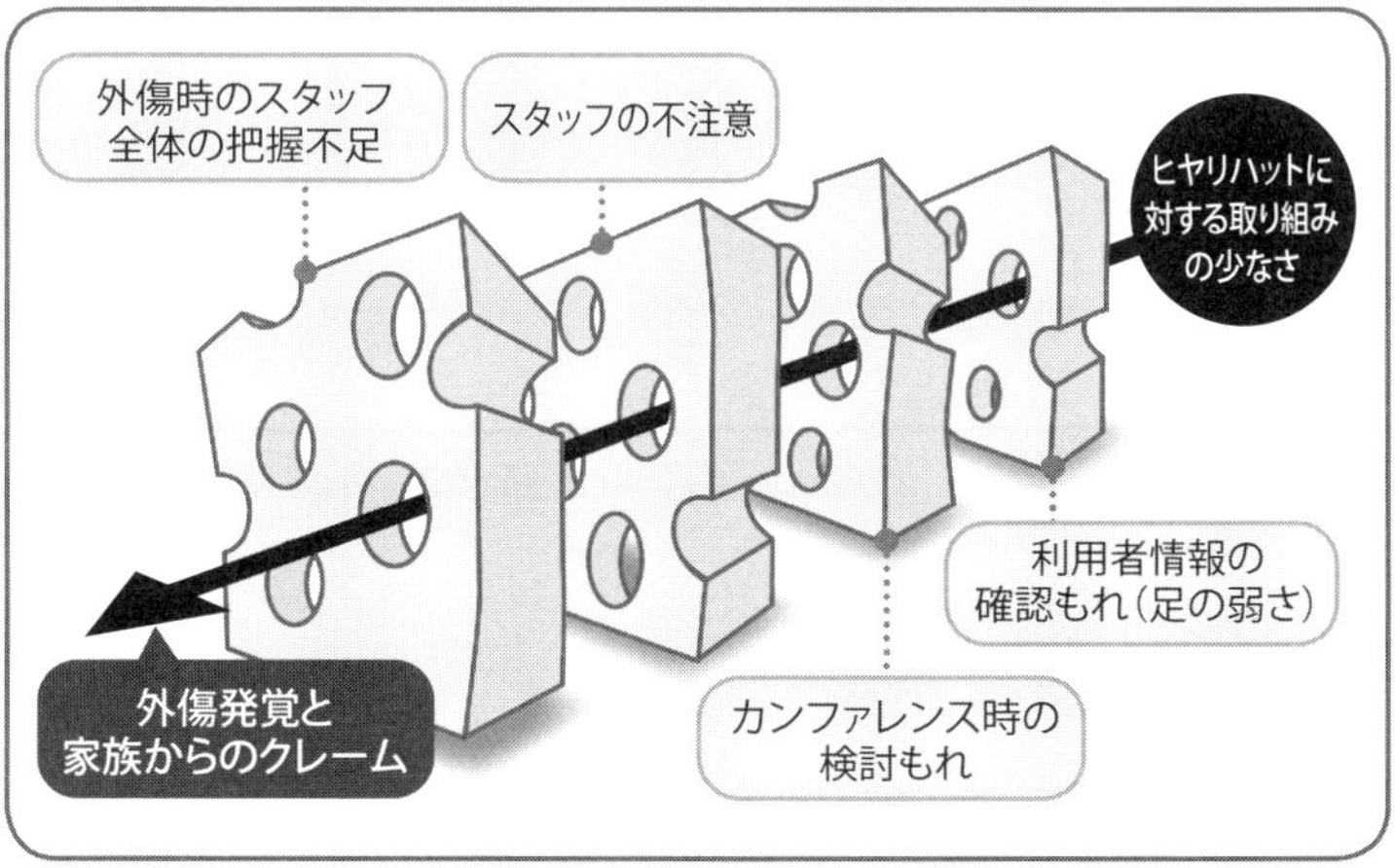

1 うまくいかない場合は「キャンペーン方式」で

しかし、ヒヤリハットの重要性に関して認識が浸透《しんとう》していない場合や、日々の業務に追われてついつい忘れてしまうこともあるでしょう。だからといって、やらなくていいというわけではありませんよね。そんな時は、**「キャンペーン方式」というもので演出する**ことによって、参加意欲を助長できます。よく企業やお店が「〇〇キャンペーン」をやっているのを見かけませんか？　あれは、キャンペーン方式によって次の効果があるからです。

①　期間限定なので行動を早く起こさせる
②　キャンペーンなので特別感が演出される
③　なんだか楽しそうな感じがする

リスク対策を「楽しそう」と言うのはいかがなものかと思われるかもしれませんが、**その参加動機はなんであれ、とりあえず「参加してもらう」ことが重要**です。その重要性は、取り組みをしていけば徐々に認識できると思います。このキャンペーン方式は、リスク対策に限らず、感染症対策や業務改善にも使えるものとなります。

重要度と頻度の2つの軸で考える

みんなで出したヒヤリハットを、具体的にリスク対策として利用するためには、「分析」が必要となります。「分析」というと難しく思うかもしれません。よく介護施設でみられる分析法は、「意見の多いものが大事」という「多数決制」です。ヒヤリハット自体は、たくさんの意見が大切ですが、その中身については、何が重要なのかを話し合うことも必要です。

たとえば、「転倒」「外傷」「誤嚥《ごえん》」などさまざまなヒヤリハットが挙がった場合、その施設やフロアにとって重要な対策は、それぞれに違うと思います。対策として重要なのはスタッフが重要性を認識していることであり、単に意見が多い・少ないということではないでしょう。また、いくら他の人が重要だと思っていても、自分が重要だと思っていなければ、行動は起こさないでしょう。なので、**意見の数（頻度《ひんど》）に加えて、もう1つ「重要度」の軸《じく》を用意し、みんなで重要だという「合意形成《ごういけいせい》」が必要**です。

定期的に「安全ラウンド」をしよう

リスク対策としてヒヤリハットと同じくらい大事なのは、実際にフロアや居室を目で見て回る**「安全ラウンド」**です。普段の仕事中も気をつけているとは思いますが、通常の利用者の見回りとは別に、「リスク回避のための見回り」を実施しましょう。「もう、そんなの業務中にやっていますよ～」と言われる方もいるかもしれませんが、私はそういった方には「家から職場まで信号機は何機ありますか」と質問します。ほとんどの場合、「正確に」答えることはできません。では、正確に答えるためにはどうしたらよいでしょうか。それは**「意識して見る」ということ**です。意識すれば、信号機も何機あるかすぐわかると思います。つまり、リスク対策の第一歩は「意識して見る」ということです。また、1人で安全ラウンドするのではなく、毎週1人ずつする、複数人でするなど、ラウンド方法を変えるとさらに違った目線で評価できると思います。

1 カードによるケアの統一

介護現場における事故原因やクレームで多いのが、「スタッフによってケアの方法が違う」というものです。特に、足が弱い方の車いすや便座などへの移乗介助は、転倒事故につながる可能性があるので、とても大切なことです。あるスタッフは、見守りでやっているのに、あるスタッフは全介助している。あるスタッフは右から介助し、あるスタッフは左から介助する。これでは、身をあずける利用者はどう動いてよいのかわからず、スタッフとの動きが合わずに転倒や外傷が発生してしまいます。

そこで**図6-2**のような「ケアカード」を作成します。スタッフがその場その場で悩んだり、曖昧《あいまい》なままケアしないように、このようなカードを使ってケアの方法をベッド周りに掲示しておきます。すると、初めてケアする利用者にもこのカードを見ながらケアできるため、走り回って「この利用者は、車いす？　杖《つえ》？」と他のスタッフに聞かなくてもよいのです。

図6－2　ケアカードの一例

入所日　　月　　日　　　　　　　　　　　　　　　　様

ベッド介助法

●介助バー
要　不要
●転倒マット
要　不要

〔車いすの位置〕

●起き上がり動作
自立　見守り
一部介助　全介助
●座位保持
可　不可
●移乗動作
自立　見守り
一部介助　全介助
二人介助

移動手段

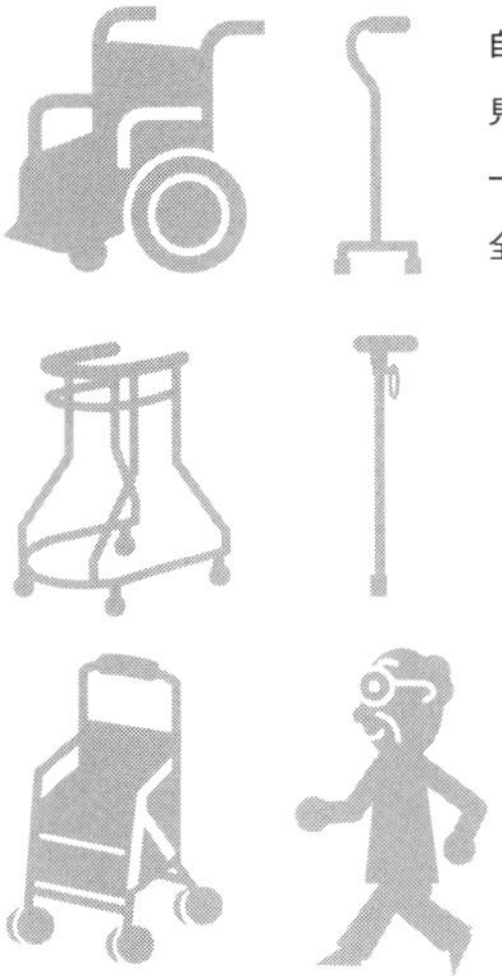

自立
見守り
一部介助
全介助

排泄状況

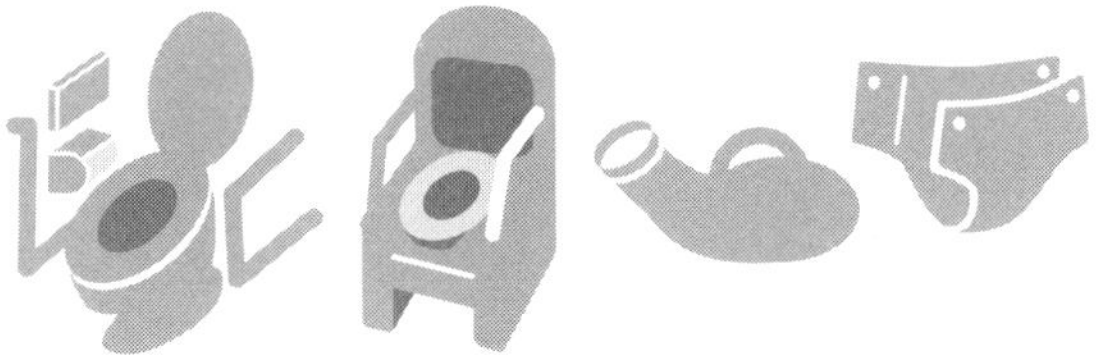

●移乗動作	自立	見守り	一部介助	全介助
●着脱動作	自立	見守り	一部介助	全介助
●後始末	自立	見守り	一部介助	全介助

●その他　（　　　　　　　　　　）
●昼　（　　　　　　　　　　）
●夜　（　　　　　　　　　　）

その他

担当

月　　日　　更新

このケアカードの内容は、各施設に合わせて中身を決めます。ある施設では、これに加えて「食事介助」「入浴介助」「薬の管理」「義歯の有無」などを入れているところもあります。いずれにしても、**「伝わりにくく、事故やクレームが発生しそうな項目」をカードによって統一**していきます。

第7講座

人材育成～研修編～

淳史さん この間は ごめんなさい
私 もう1人で できる気になって 調子に乗ってました
反省 したか?
はい
すみませんいい
でも 冷静な淳史さんが あんなに怒った のには
ちょっと びっくりした…
それに関しては 悪かった――― 実はオレも 同じ経験をした ことがあってね
えっ!
同じ経験!?
前のコンサルティング会社で 介護施設の経営再建を 頼まれたんだ
「忙しくなるから」という 理由で利用者を増やさない ようにしていたから 経営が苦しくてね
そんな屁理屈《へりくつ》を こねるスタッフは一切 無視して オレは 利用者数をどんどん 増やしていった
満床になり 理事長は 大喜び
でもその時 大変なことが 起きたんだ

事故さ――
スタッフが利用者を転倒させてしまい頭部を強打してそのまま入院
その責任はすべて無理に増員を仕掛けたオレにあると言い出した
そんな……!!
すべて淳史さんが悪いわけじゃ――
結局その意見は変わることなく悪いのはオレ1人ということになり
責任を取ってコンサル会社を辞《や》めたんだ
その時気づいたよ
今までオレは〝人〟を全く見ていなかったんだ
命をあずかる仕事は数字だけではダメだ
利用者 スタッフいろんな人が動いて初めて施設が変わり出すんだ
だからお前が昔の自分に見えて
本気で腹が立ったんだ

私バカだ――
少しくらいみんなが話を聞いてくれるようになったからって浮かれて…
〝変わる〟ってそんな簡単なことじゃないまだ一歩踏み出したばかりだったのに
でも どうしてまた介護施設へ戻ってこようと思ったの？
もう一度やってみたかったんだ
今度は現場のスタッフと一緒に良い施設を作りたかった
数字だけじゃなくきちんと〝人〟が良くなるようにね
そうしたらボイコットされたなんていうお誂《あつら》え向きの人間がいてさ
あたし!!
オレ スタートラインが低いほうがガゼン燃えるんだよね
いやー
いい人材がいてよかった
ちょっと!!
完璧《かんぺき》に見える淳史さんにもそんな過去があったなんて
すごく驚いたけど
わたしだって
がんばってるのにいー
人としての淳史さんに
初めて近づけた気がした

でもね…施設内研修会の集まりが悪くて3割くらいなの
一緒に前向きに勉強していきたいのに
美樹は確か沖縄に行きたいって言っていたな 何でだ？
え？
だってそれは…
青い空 きれいな海
太陽はサンサンと輝いてて
日焼けしたイケメンがたくさん…
やっぱはずかしー
あーハイハイ つまりは
「行きたい場所」ってことだろ？
行きたい場所…？
人は明るくて楽しくて居心地《いごこち》の良いところに集まる
逆に暗くて真面目で居心地の悪いところは避ける
その施設内研修会はどっちだ？
ぽつん…。
確かに雰囲気《ふんいき》は暗いし…居心地の良い場所じゃないかも
でもそれが研修会だし楽しくするなんてムリなんじゃ――
大丈夫だ
オレに任せろ

7

えっ
ザワ
ザワ
研修テーマ
・「感染症防止の手洗い」
なにコレ!?
会場の会議室には気持ちの良い音楽が流れ机もいつもとは全く違う4人1グループの配置
その真ん中には白い紙とカラフルなサインペンが置かれていた
いつもの研修前の静まりかえった雰《ふん》囲《い》気《き》とは大違いだ
ワイワイ
小早川さん?
出欠を確認します
みんな嬉しそうに雑談《ざつだん》している
そして研修会がスタートすると
うっ
細菌の種類
この資料いつもと違って文字がなく細菌の写真ばかり…
でもこんなの見せられたら絶対手を洗いたくなるわ
ぞわっ
きもちわる…
感染防止を怠《おこた》るとこの菌が数億個あなたたちの中に入ることになるのよ
うわあ〜
でも写真の効果は絶大《ぜつだい》だ
普段寝ているような人たちも 看護主任の話にしっかり耳を傾けてる――

次に
手洗い実習に
うつります
配ってある
洗面器と
手洗い用洗剤
アルコールを
使って
まずは今
どのように
手洗いをして
いるかやって
みましょう
そうじゃ
ないって！
こうでしょ
ザワ
ええー！？
私は
こうして
るけど？
ザワ
うそー！？
なんでこんなに
みんなやり方が
違うのよーっ
みんな
楽しそう
——
はい！　じゃあ
正しいやり方を
発表します！
みんな
よくみてね——
あー！
そうそう
これこれ！
こうやって念入りに
するの
思い出した
わー
すごい
あははは
いーね！
こんな研修が
あったんだ…
約40分の研修は
とても盛り上がり終了した
淳史さん
すごかったよ！
あんなにみんなが
生き生きしてる研修
初めて見た！
タタッ

そうだろ
研修の目的は〝業務を良くする〟ことなんだ
なのに多くの研修担当者は研修会に人をたくさん集めることを目的にしてしまっている
学校でやっていた〝授業〟をやる必要はないんだ
業務さえ良くなればやり方は自由なんだよ
私も…人を集めればいいとしか考えてなかった
特に大人の教育をする時にはね
大人の教育——
大人を教育するのと子供を教育するのは違うんだ
大人は学ぶかどうか自分で決める そして 学ぶ対象は目の前のことがほとんどだ
つまり試験のための勉強じゃないってこと
そうか… 私 試験勉強が大嫌いだったのに施設内研修で同じことしてた 知らない間に行きたくない場所を作ってたんだ

オレがやったのは
ボールじゃなくてフォームを変えること
オレも看護主任も真面目な内容をどう楽しく面白く伝えるか真剣に考えたんだ
逆に面白い内容のものを難しくして真面目な授業で伝えようとしていることもあるだろう?
?
?
ボールは伝えるべき内容 フォームは伝え方
今回はそのフォームを変えただけさ
なるほど…伝え方を変えれば内容もきちんと伝わる
今まで内容ばかり気にしていた
よし! 来月の安全研修はフォームを変えてやってみる!
がんばる!!
美樹はまた1つ大切なことを学んだのであった

ポイント解説！

1 研修会を「行きたいところ」へ変える場作り

施設内研修に関してよく主催者《しゅさいしゃ》から聞かれるのは、「研修会を開いてもスタッフが集まらない」という悩みです。どんなテーマが良いのか、どんな時間帯が良いのかさんざんアンケートやインタビューで聞いてその通りにしたにもかかわらず、当日はキャンセルの連続という非常に腹立たしい経験は、施設内研修の主催者なら誰《だれ》にでもあると思います。なぜスタッフは、こんなに研修会に参加したがらないのでしょうか。それは、単純に**研修会という場が「行きたくないところ」となっているから**です。

そこで、改めて「行きたいところ」と「行きたくないところ」を、店を例に比較してみましょう（**図7-1**）。これを見てもらえばわかる通り、施設内研修は「暗い」「つまらない」などマイナスな要素がイメージされやすいものです。特に「研修会」という名前は、学校の授業を思い出させますよね。学生時代を思い出してみると、授業中はい

図7－1　「行きたい店」と「行きたくない店」

	行きたい店	行きたくない店
店の雰囲気	明るい	暗い
スタッフの対応	良い	悪い
商品陳列	わかりやすい	わかりにくい
顧客の心理	楽しい	つまらない
スタッフの態度	笑顔	不機嫌

つも集中しなければならず、居眠りをしては怒られ、そして必ず「試験」があります。つまり、学校の授業は試験で良い点を取るための「試験勉強」が中心なのです。介護の施設内研修で「試験」があるでしょうか。ではなぜ、試験がないにもかかわらず、マイナスイメージの強い試験勉強を施設内研修でやってしまうのでしょうか。これは、単純に「その方法しか知らないから」だと思います。

また、もう1つ重要なことは、「研修会は何のためにやるのか」ということです。研修会は決して人をたくさん集めるためにやるのではなく、あくまでも「業務を良くするため」に行うものです。つまり、**「人を集めるための研修」ではなく「業務を良くするための研修」**であれば、その形にこだわる必要はないのです。それでは、業務が良くなるための楽しい研修会の作り方を説明しましょう。

❶音楽を流す

雰囲気《ふんいき》の良いカフェやお店の多くは、オルゴールやクラッシックなどリラックスする音楽がさりげなく流れています。参加するスタッフの多くは、仕事終わりや仕事途中で参加しているため、「お疲れモード」であったり、夜勤明けで「眠たいモード」であったりします。このような**研修会に臨《のぞ》む前の参加者の心理状態を「レディネス」といいます**。参加者の参加動機や研修前の行動によってその「レディネス」は、「緊張状態」「傾眠状態」「疲労状態」などさまざまですが、それを研修の効果をより上げるための「リラックス状態」にもっていくためには、音楽は非常に効果的です。どうしても「シーン」としていると緊張しますし、モチベーションも上がってきませんよね。そういった意味では、音楽は手軽に実施できる方法の1

7

ってです。

❷講義＋五感に訴える研修に

では、いよいよ研修スタートです。資料やスライドを使って講師役のスタッフが講義を始めると思います。もちろん、講義は重要ですが、講義だけの研修は参加者にとってあまり楽しいものではありません。また、講義方式は、講師の力量が非常に大切であり、講師慣れしていないスタッフにとっても苦痛であると思います。

そこで、**効果的なのは参加者の五感に訴えること**です。研修のなかで実際に見たり、聞いたり、身体を動かしたりして経験すると、参加者にとっても現場でのイメージがつかみやすく、実際に職場に帰った時も意識して行動を起こせるはずです。たとえば、演習、ロールプレイング、グループワークなどさまざまな方法がありますので、講義と五感に訴える研修内容を組み合わせて行います。

❸資料は写真や図表を多めに

五感に訴えるために、**配布資料やスライドはできるだけ文字を減らし、写真や図表をたくさん取り入れる**ようにします。場合によっては、動画も良いかもしれません。第6講座のリスク対策で危険箇所《きけんかしょ》を写真に収めるということをしましたが、スタッフ全体で共有するためにリスク対策の研修会でその写真を発表すればいいのです。また、感染症にしても細菌の写真やイラストをたくさん使ったり、介護技術では動画を使ったりしながら実技研修を行うのも効果的でしょう。

④新しいことより振り返り

研修で行っている内容の多くは「新しい知識や技術」ではなく、ほとんどの場合「すでに行っている業務」であると思います。その質を上げるために、研修という形をとって教育しているわけです。しかし、実際やっている業務と研修で聞く内容に関し、参加者がそれを一体的にとらえていないと「研修は研修」で終わってしまいます。なので、**研修の合間に「振り返りの時間」を設《もう》けます**。そして、その振り返りのなかで**「気づき」を促し、参加者が「これは重要なことだ」と納得して初めて現場で実践されます**。これが、大人と子供の教育方法の最たる違いです。

子供は、大人に「勉強しなさい」と言われて勉強することが多いと思います。子供の勉強は、将来立派な大人になるための投資的な要素が強いため、現時点で勉強の重要性を理解している子供はほとんどいないでしょう。つまり、勉強するかどうか子供に選択権はありません。しかし、大人は勉強するかどうかは自分で決められますし、その目的も将来的な投資ではなく、現実的な目の前の問題解決が中心です。つまり、「その知識や技術が学びたい」「学ばなければ自分が困る」という状態になって初めて勉強することを選択します。常に目的意識が高く、自己啓発《じこけいはつ》を絶えずやっている優秀なスタッフであれば特に苦労はしませんが、一般的なスタッフに対しては、自分の仕事と直結させるために、必ず振り返りを行い、「学んでいることの重要性」に気づいてもらって初めて研修の効果が発揮《はっき》されます。

⑤業務と研修の一体化

最後にもう1つ、研修によって現場を良くするための方法をお伝えします。それは、**研修**

中にグループワークと称して、会議をしてしまうことです（**図7-2**）。つまり、研修中に「現場でどうするのか」を決めてしまい、次回の研修でそれを発表してもらうというやり方です。グループワークは第5講座の「質問会議」のやり方で行うと非常に盛り上がり、かつ、きちんと決まるでしょう。

以上、業務を良くするための施設内研修のポイントを5つ紹介しました。ここで重要なことは、主催する皆さんが「研修会は真面目に、堅《かた》く行うものだ」という固定観念《こていかんねん》を捨て去ることです。間違ってはいけないのは、「楽しく行う」ということは「ふざけて行う」ではありません。あくまでも目的をしっかりと見据《みす》えつつ、**伝える内容である「ボール」は変えず、伝え方である「フォーム」を変える**だけなのです。

図7－2　研修と会議の一体化を図る

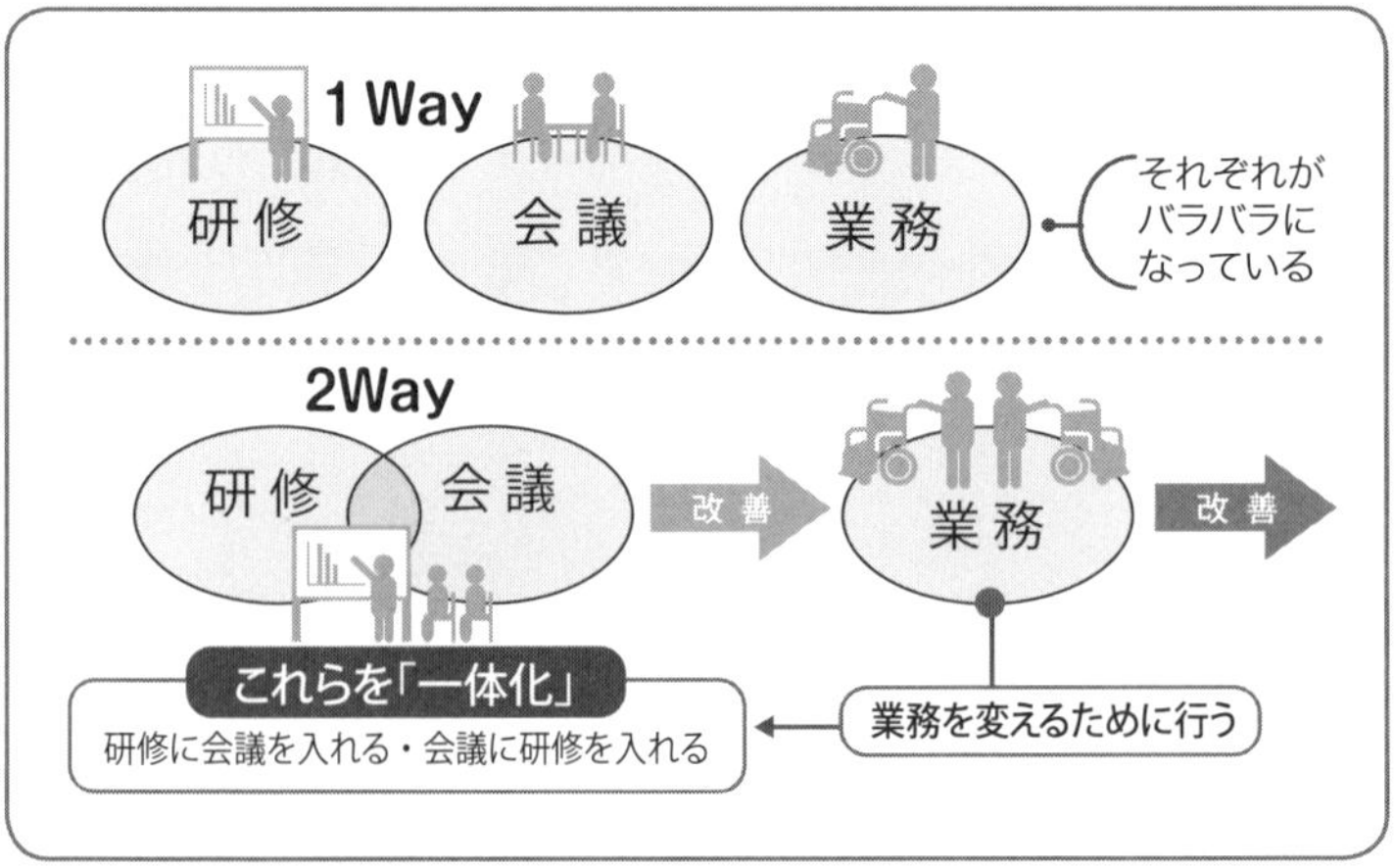
1 Way
研修
会議
業務
それぞれが
バラバラに
なっている
2Way
研修
会議
改善
業務
改善
これらを「一体化」
研修に会議を入れる・会議に研修を入れる
業務を変えるために行う

第8講座

人材育成～新人教育編～

豊田さんなら大丈夫！よろしく頼むわねー
えっ
フフッ
斉藤主任が突然教育担当という仕事を丸投げしてきた
郷田《ごうだ》 和宏《かずひろ》(56)
鉄工所で職人として働いていたが会社が倒産 ハローワークの紹介でうちに就職してきた
介護経験なし コミュニケーション能力も低く スタッフや利用者さんとうまく関われていないとのこと
大丈夫かなぁ……
じゃあこれで入浴介助の大まかな流れや手順の説明は終わりです
……
後は現場のスタッフに任せますのでしっかり――
ガシャー!!
え!?
なに!?
どうしたの!?
おむつカートを壁にぶつけちゃっていつも通りにやってたつもりなんですけど…
つもりって…
私も手伝うから
片付けよ
すみませーんっ
豊田さん！あのオジサン
何とかしてくださいよ!!
ひっ

何なのよ今日は〜〜
さっき説明はしたんだけど
本当ですか!? だってあの人
ただ立って見てるだけなんですよ!!
!!
ビシッ
ほんとに立ってるだけだぁ――!!
――というわけでほとほと困ってて…
はぁ〜〜っ
あんなオジサンを教育するなんて淳史さんでもムリだと…
それは教えるほうが悪いな
シャ――ッ
え!?
こっちが?
だって私はちゃんと教えたのよ!? 口で一からていねいに説明して――
いいやできてないね
教えてはいるけど
〝ちゃんと〟は教えていない

8

ちゃんと教えていない――
それってどういう……
ではまず聞きますあなたのフロアで〝一人前〟のスタッフはどんなスタッフですか？
一人前？
うーんと…問題なく業務ができて…利用者さんも安心して…
問題がなく安心って具体的には？
えっうっ…
すみません降参です
フッ
よかろう
つまり口頭だけで教えても新人には理解できないってこと
伝統芸能じゃあるまいしその教え方だと何年もかかる
だからまずフロアのスタッフとして〝一人前〟を設定するんだ
一人前を設定する…？
そう
「マニュアル」を作るんだ

マニュアルには〝これができたら一人前〟のことを書いておく
完璧《かんぺき》じゃなくても構わない
No.　おむつ交換
〈目　的〉汚れた陰部を洗浄し、清潔を保持する。
〈必要物品〉大きいおむつ、尿とりパッド（男性2枚、女性1枚）、ティッシュペーパー、お尻ふき、汚物入れ、陰部洗浄用ボトル、使い捨てゴム手袋
項目　援助内容　方法・留意点（その理由）　チェック　見学　自己
準備　●身支度を整える　名前を呼び、おむつ交換の準備をする。
●挨拶し、説明して同意を得る
●準備をする
●カーテンをする
●布団は足元に扇子折りにする
●寝間着の裾を広げる　寝間着の裾を広げ、作業をしやすくする（ズボンを下ろす）。おむつを開き、前から後ろへ陰部を拭く。排泄の量が多ければまず取り除く。
実施　部洗浄をする　あまり汚れていない場合は取り外さず、そのまま利用する。横向きにしてゴム手袋を着用し、ボトルで微温湯をかける。この時に湯加減を聞く。洗い終わったらティッシュペーパーで水分を拭き取り、汚れたおむつを取り除く（汚物入れに入れる）。
清潔なおむつを陰部に当てる。尿とりパッドは、男性は2枚、女性は1枚使用する（当て方を工夫す
まずは中身よりもあることが大事なんだ
そしてマニュアルを使いながら教えていく口頭では聞き逃しや解釈の違いも出てくるだろう
それに教える人によって内容が変わることもあるでも「文字にしている」ことでそのエラーをかなり防げるんだ
〝つもり〟なんですけど…
確かに今の現場では業務内容が明確でないからいろんなことが曖昧《あいまい》になっている
そうか…これなら復習もできてこれができていればいいというゴールも見える
その通り
教科書もなく合格点もわからない勉強ほどきついものはないんだ
美樹はすぐに主要な介護項目「食事・排泄《はいせつ》・入浴・更衣」などのマニュアルを作り始めた
やっていることを時系列に書くこと！
って淳史さんは言ってたけどこれはなかなか難しいわ…
よし！みんなで分担してやろう

8

分担したことで1週間ほどで完成した
完璧《かんぺき》なマニュアルじゃなくていいって淳史さんも言ってたもんね
これを読めば何となく仕事内容がわかるくらいにはなった
フーーッ
トンッ
言われた通り「チェックボックス」もつけたし
これを一緒にチェックしながら教えればいいのね
こうして
マニュアルを使った新人教育が始まった
郷田さん配膳《はいぜん》時《じ》には
利用者さんの顔と配膳札《はいぜんふだ》の名前を確認してくださいね
ワイ
ワイ
うんこのほうがずっとやりやすい
時間はかかるけど確実に1つずつ習得できるもんね
そして2週間後にはマニュアルを見ながらではあるが
徐々にできるようになっていった
しかし――
郷田さん!それはもういいから
次にいってください!
いやでもこのしわが気になって…
枕《まくら》カバーなんて多少しわがよっちゃうから!!
利用者さん待ってるのに～
あれが職人気質《しょくにんかたぎ》っていうんですかね…
私もイライラしちゃって
まあきちんとしようとするのは悪いことじゃないからね

まずは郷田さんの仕事に対する考え方を変えないとな
前はほとんど1人での仕事だったんだろうけど介護現場は「チームで動く」ということ
まずは1日のスケジュールがマニュアル通りできることを目指してもらうんだ
本来の仕事の楽しみはここにある
匠の技
経験や体験
レベルアップ
ふつうライン
仕事の基本となる部分
マニュアルによるトレーニングとチェック
それができないと〝匠《たくみ》の技〟はできないってね
なるほど……
あと教え方なんだけど美樹は郷田さんと向き合わないこと
え!? 向き合うって大切なんじゃあ
ダメだ向き合うとどうしても押しつけが起こってくる
一生懸命教えているのに何でわからないの? って
うっ 確かに私ずっとイライラしてた
そうだろ? 向き合うからそうなってしまうんだ
だから郷田さん自身ではなく郷田さんの〝目標と向き合う〟んだ
郷田さんはマニュアルに書いてあることができるようになるのが目標であって美樹をコピーしたスタッフになることではない
……
あーしてください!
こーすればいいんです!
美樹が教えられるのは目標に対する〝行動〟だけ
気持ちは行動の後についてくるものなんだ

そうか…私は郷田さんのやる気とか理解度ばかり気にしてた
目標に対する行動ができているかなんて見てなかったかもしれない
これはよく陥《おち》りがちな教える人の問題だ
美樹は反省しもう一度取り組み直すことにした
それから1か月 郷田にマニュアルに書いてある行動を ていねいに教えていった
時にイライラして淳史にグチをこぼすこともあったが
徐々にミスは減り「あの人には無理だろう」という周囲の予想に反し1か月後には大きな問題がないほどになってきた
何より変わったのは郷田が自分の仕事に自信や喜びをもち始め
利用者や他のスタッフに対する態度も良くなったことだった
そしてそれを象徴《しょうちょう》する出来事が起きた
ねぇ あの郷田さんって人さ
えっ ハイ!
なにかありましたか?、
なかなかいい人よ
若い人もいいけどあんな年齢の人もいてくれると 私たちなんだかほっとするわ
それからも不穏《ふおん》な利用者が郷田とコミュニケーションをとると落ち着くなど
!!
あはははっ
良い話が聞かれるようになってきたのだ
郷田さん 最近頑張っていますね 利用者さんから「ほっとする」って言葉をいただきましたよ
えっ… ああ それは…

私は皆さんみたいに
若くないぶん
利用者さんの気持ちが
少しわかるのかも
しれないですね
オジサンですから…
いえ そんなっ
……ああ
私は大切なことを
忘れていたのかも
しれない
「利用者対スタッフ」の図式で
スタッフ教育をしてきた
でも 郷田さんは
決して器用ではない
けれど「対人間」として
利用者さんと
関わっていて
それが
他のスタッフや
利用者さんに
良い影響を与えて
いる
それなのに私は
彼の良いところなんて
1つも見ようとしないで
一方的に
こっちの教育を
押しつけていたんだ
反省……
教育は会話と同じ
キャッチボールなんだ
相手に合わせた
ボールじゃなく
フォームを変えて
取りやすくして
あげないとね
そんな淳史の言葉が
美樹の頭の中で
響いていた

ポイント解説！

カッチャ！

なぜ、介護施設で人が育たないのか？

人手不足の介護施設では、早く「一人前」のスタッフを育成し、現場の戦力にしたいものです。しかし、残念ながら、介護施設の中には「一人前」に向けての教育体制や、そもそも「一人前」の基準も設定されておらず、努力と根性で「見て学べ」と落語や歌舞伎《かぶき》のような伝統芸能の教え方をしているところもあります。しかし、それでは習得に時間がかかりすぎます。

では、比較的短期間で「一人前」のスタッフを育成するための方法をお伝えしましょう。

教えるための「教科書作り」

新卒スタッフや他施設や他業種から中途採用で入職してきた「新人スタッフ」に、皆さんの施設ではどのような教育をされているでしょうか。介護というのは日常生活に直結しているため、「そんなことくらいわかるでしょ」ということが多くあります。しかし、**日常生活に直結しているからといって、みんなが同じやり方をしているわけではありません。**

たとえば、歯磨《はみが》きにしても、人によっては、すぐに歯磨き粉を歯ブラシにつける人もいれば、まず、一度歯ブラシを水で洗ってから使う人もいます。つまり、同じだと思っているところに大きな落とし穴があります。**「わかるだろう」「同じだろう」の思い込みは、最終的に大きなミスやクレームにつながります。**そうならないために、まず新卒でも中途採用でも、その施設にとっての「新人スタッフ」には、その施設の「決まったやり方」を教えなければな

図8－1　業務マニュアルの一例

No.	おむつ交換

〈目　　的〉汚れた陰部を洗浄し、清潔を保持する。

〈必要物品〉大きいおむつ、尿とりパッド（男性２枚、女性１枚）、ティッシュペーパー、お尻ふき、汚物入れ、陰部洗浄用ボトル、使い捨てゴム手袋

項目	援助内容	方法・留意点（その理由）	チェック		
			見学	自己	他者
準備	●身支度を整える	名前を呼び、おむつ交換の準備をする。			
	●挨拶し、説明して同意を得る				
	●準備をする				
実施	●カーテンをする				
	●布団は足元に扇子折りにする				
	●寝間着の裾を広げる	寝間着の裾を広げ、作業をしやすくする（ズボンを下ろす）。おむつを開き、前から後ろへ陰部を拭く。排泄の量が多ければまず取り除く。			
	●陰部洗浄をする	あまり汚れていない場合は取り外さず、そのまま利用する。横向きにしてゴム手袋を着用し、ボトルで微温湯をかける。この時に湯加減を聞く。洗い終わったらティッシュペーパーで水分を拭き取り、汚れたおむつを取り除く（汚物入れに入れる）。			
	●清潔なおむつを当てる	清潔なおむつを陰部に当てる。尿とりパッドは、男性は２枚、女性は１枚使用する（当て方を工夫する）。大きいおむつからはみ出さないようにする。			
	●衣服を整える	寝間着を整え、布団を元に戻す。			
片づけ	●終了を告げる	おむつ交換が終わったことを告げ、後片づけをする。			
その他の注意点		●痛みに配慮する。			
		●行動に移る前にそのつど説明をする。			
		●プライバシーに配慮する。			
		●ゴム手袋を必ず使用し、１人ずつ交換する。			

りません。私はそれを「教科書作り」と呼んでいます。では、具体的な教科書作りの方法と運用方法について解説していきます。

教科書と聞くとなにか「良いことを書かなければならない」と思いがちですが、実は、教科書とは単純に「業務マニュアル」（**図8-1**）のことです。**「うちの施設のやり方はこれです」というものをあらかじめマニュアル化**しておき、それを伝えればいいのです。教科書として使えるマニュアル作りのポイントを教えましょう。

❶時系列に沿って手順を書く

たとえばおむつ交換ですと、おむつ交換に必要な手順を最初から書き出していけばよいだけです。まず、おおよその介護業務には「開始前の準備」「実施」「終了後の片づけ」という3手順が出てきます。そして、その3手順をまた、時系列に沿って書いていけばよいのです。もし、自分でわからない場合は、実施係と記録係に分かれて、1人が実施して、もう1人が時系列に沿って行っていることを書けばいいでしょう。また、それでも難しい場合は、ビデオで撮影して、あとで記録するという方法もあります。

❷行っていることだけを書く

マニュアルが使われない、形骸化《けいがいか》するという問題の多くは、実際の業務で行っていることを書いていないから起こります。他の施設のマニュアルや雑誌のコピーをそのまま使ったりしても、実際、それは自分の施設で行っているやり方ではないので、そのマニュアルは間違いなく使われないでしょう。やはり❶のポイントで説明した通り、**「業務で行っていることをきちんと書く」**ことです。そして、業務を行っていくなかで、マニュアルよりも良いやり方が見つかった時は、マニュアルを変えればいいのです。

❸チェック表を作る

そして、マニュアルの手順の横に、「見学」「自己(評価)」「他者(評価)」の3つのチェックボックスを作ります。まず1回目に見学したら「見学」にチェックを入れ、2回目に自分で実施し問題なくできたら「自己」にチェック、そして、3回目に指導者が確認し、問題なければ「他者」にチェックを入れるという方法です。指導者は、新人スタッフと同じマニュアルを持って、それを見ながら手順通りに業務を教えていきます。つまり、マニュアルとは「うちの仕事はこうです」というもので、それがなければ、そもそも「うちの仕事」を学びようもないのです。これによって、「人によって教え方が違う」という問題は解決できますし、教育担当者が休みでも他の人が教えることができます。

❹深入りしすぎない、完璧を目指さない

マニュアルを作り始めると、必ず「どこまで詳《くわ》しく書けばいいのか」という壁にぶつかります。それに対する答えは、**「それを見れば何となく業務がわかる」程度**です。「介護はマニュアル化できない」という人もいますが、確かに「全部」はできません。しかし、ある程度、手順化している業務に関しては可能です。おむつ交換、シーツ交換、入浴介助の準備など、手順化できるところはたくさんあります。それを見れば何となく業務ができる、つまり自分の施設の〝ふつう〟レベルを目指します。介護にしてもそれ以外にしても、いわゆる**「技術」の習得には、基本の繰り返しが必要**です。いきなり技術が身につくことはなく、マニュアルに書かれている「基本業務」を繰り返し繰り返し行うことによって、匠《たくみ》の技をつかむことができ

8

るのです。

1 できるだけ「形式化」しよう

なぜ教科書（マニュアル）を使った人材育成をお勧めするのかというと、「文字でないと伝わらない」からです。リーダーともなると日常業務は問題なく行えると思います。しかし、それを「どのようにやっているのですか」と聞かれて、何も見ずにスラスラと答えられる人はほとんどいないでしょう。そのようにスラスラ答えられないままに教えるわけですから、聞くほうもよくわからないのがオチです。

また皆さんは、実は「自分も知らない知識」をたくさんもっています。それを「暗黙知《あんもくち》」といいます。しかし、この暗黙知の段階では残念ながら相手には伝わりません。ですので、いかにこの**暗黙知を文字にして「形式知《けいしきち》」に変換できるかが、マニュアル化の重要なポイント**です。

「名選手、名監督にあらず」という言葉があります。名選手というのは非常に感覚的に優れた選手が多く、それは「暗黙知が多い」ということになります。しかし、自分で行っているうちはいいですが、指導者になったとたんそれを他の人に伝えなければならなくなります。「何となくこう」「このへんギュッと」と感覚的な言葉で伝えても、相手にはわかりません。ここは、手順通りに「最初はこうで、次はこう」というように伝えなければなりません。

第9講座

職員のモチベーションアップ術

美樹が介護リーダーになって
6か月——
「その人らしく生活できる
介護現場」を目指し
がんばろー!!
業務改善委員会の
立ち上げ
組織図や
業務分掌表《ぎょうむぶんしょうひょう》の作成
リスク対策
教育体制の整備と
淳史の指導のもと進めてきた
当初 反対派の筆頭《ひっとう》
だった園山徹は
自分の意見が多々
取り入れられたため
リスク対策に
関しては 自分が
始めたかのように
振る舞っていた
…正直 助かってたり するのよね
ほーっ
あんなに犬猿《けんえん》の 仲だったのに ねぇ
ボイコットの 首謀者《しゅぼうしゃ》 だったし……
私もたくさんプロジェクトにかかわってて忙しいから
それで思いつめて 辞表《じひょう》まで…
くっ
ぷふっ
どーせ ヘタレ ですよっ!!
でも止《と》めたのは 淳史さん じゃないっ
えー止《と》めて なんかいません けど?
ただ辞めるのか?って聞いただけで
ムカーーッ
このやり取りももう 半年続いてることに なるなぁ…
でも

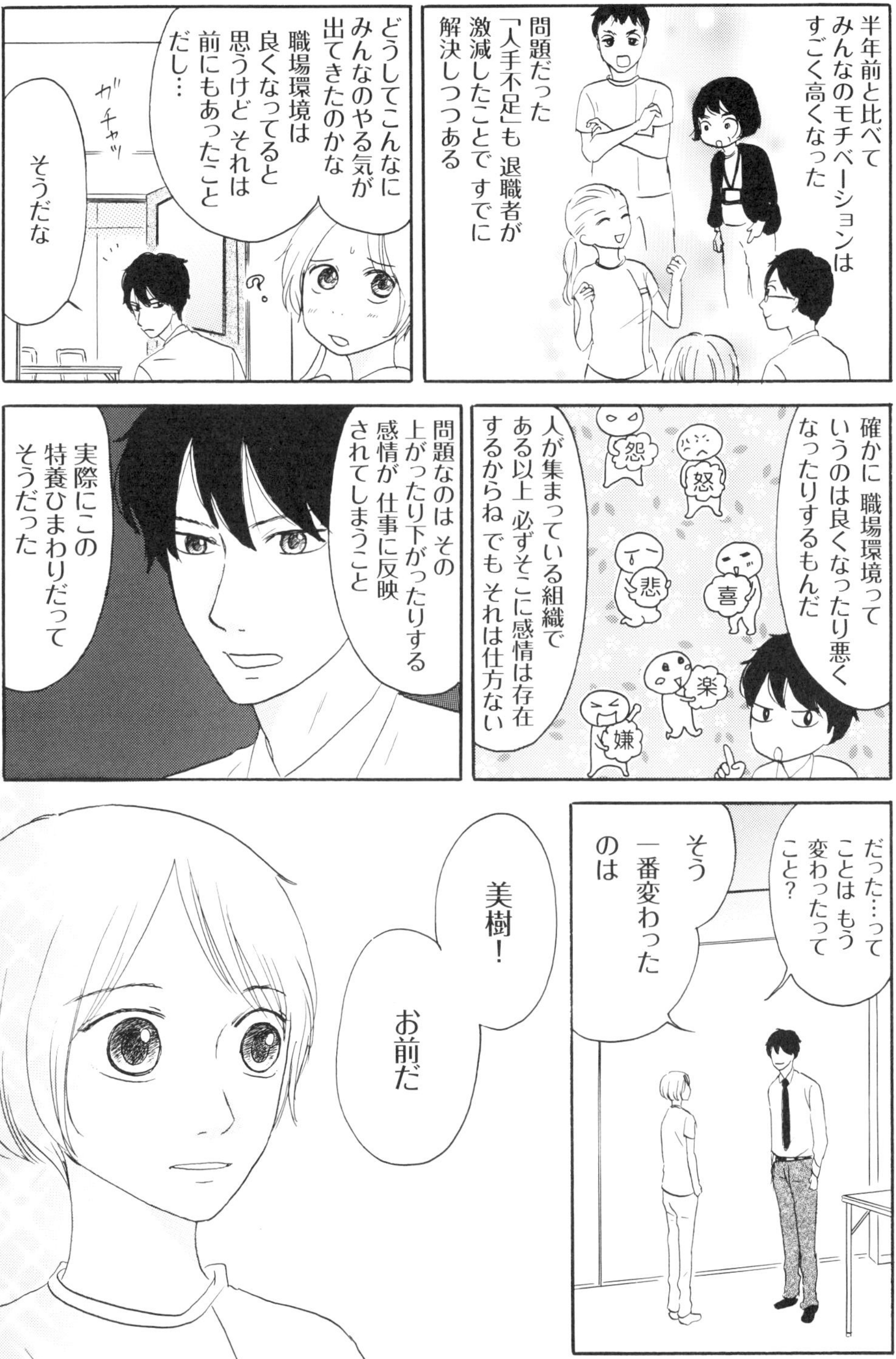
半年前と比べて みんなのモチベーションは すごく高くなった
問題だった「人手不足」も 退職者が 激減したことで すでに 解決しつつある
どうしてこんなに みんなのやる気が 出てきたのかな
職場環境は 良くなってると 思うけど それは 前にもあったこと だし…
ガチャッ
そうだな
確かに 職場環境って いうのは良くなったり悪く なったりするもんだ
人が集まっている組織で ある以上 必ずそこに感情は存在 するからね でも それは仕方ない
怒
怒
喜
悲
楽
嫌
問題なのは その 上がったり下がったりする 感情が 仕事に反映 されてしまうこと
実際にこの 特養ひまわりだって そうだった
だった…って ことは もう 変わったって こと?
そう 一番変わった のは
美樹!
お前だ

9

えっ…それって
私が優秀っていう――
違う お前が優秀なわけではないんだ
ズーン
お前の考え方と行動が
みんなのやる気を引き出したんだ
美樹の出した〝その人らしく生活できる介護現場〟という目的と考え方・行動にみんなが惹《ひ》かれていった
最初はみんな何のことかわからなくても組織図を作ったり会議の進め方・研修のやり方教育のマニュアル作りっていう行動を一緒にとることで
徐々に美樹の言う意味がわかってきたっていうことだよ
…そうね 本当に淳史さんの言う通り
私 リーダーっていうのはリーダーにふさわしい性格の人がやるものだと思ってた
でもしっかりと考えをもってきちんと行動すれば 結果は出るのよね

その通り
でもさらに難しいのは
これを持続することだ
持続すること…
ガラッ
そう
新しい風というのは最初注目が集まるしみんなやる気になって取り組んでくれる
でもそれが難しくなるとやる気がなくなり元に戻ってしまうことが多いんだ
あ！それ前にもあった
午前中にフロア体操をしようって決めたのに
いつの間にか自然消滅《しぜんしょうめつ》して私も忘れて…
そうだろう実際やるといろんなことが起こってけっこう大変なんだ
やる気
もういっかー
そうしているうちにやる気も下がりそのうち取り組みが終わるというパターンだ
そっかぁ結局忙しいからと言ってるけど実際はやる気がなくなるのよね
そうさせないために
企画の段階でいつチェックするか決めておくんだ

チェック？
そう 原因はチェックがないからなんだ
実際にチェックしてみて うまくいっているのか いないのか それはなぜか どうしたらよいのか を話し合う
これをＰＤＣＡ サイクルという
ＰＤＣＡサイクル？
Ｐは計画 Ｄは実行 Ｃは評価 Ａは改善だ
Plan 計画
Do 実行
Check 評価
Action 改善
PDCA サイクル
今やっている取り組み このＰＤＣＡサイクルを 意識すると何が 足りない？
うーん…
やっぱりチェックが ないから次の取り組み につながらない…かな？
その通りだな 多くの場合 計画・実行 のＰとＤはあるけど 評価のＣがないから
取り組みが終わったり 質が下がったりして しまうんだよ

チェックがない――
そうかぁ
全く気づかなかった
でもチェックされるって
みんな嫌がらないかな
なんかテストされてる
みたいで…
う〜ん
美樹は
占いって好き?
えっ…ちょ
やだーっ!!
なーんで 私が毎月
駅前のよく当たるって
有名な占い師に見てもらってるのを知ってるの!?
あ!
見てた?
見てたでしょ!!
キャーもぉっ
みてねーよ
じゃあさ
何で占いに行くんだ?
占いわねー
自分の心を映す
鏡なの!
えへんっ
自分じゃ気づかない
自分のことを
占いで言われて
〝なるほど〟って
気づけるわけ!

9

つまりチェックとは そういうことだ
テストじゃなく 今のありのままを 知るためにやる
「うまくいっている・いっていない」を 印象ではなく 文字や数字でチェックすると より見えてくるだろう
占いも同じかも しれないけど 自分の課題が明確に なるということだ
自分の 課題が 明確になる
――うん! なんか わかった気がする 私やってみる!
美樹は早速 各委員会に 予定通り進んでいるか チェックするよう指示を出した
園山の安全対策 委員会はすぐに
は?
完璧《かんぺき》 なんです けど
くうっ
自信満々に提出
その他の委員会では やはり滞《とどこお》っているところが あったり 忘れていることが 多々発見できた
忘れてたこと ありました!
ほんとだー

しかし このチェックをしたことでやる気を失う者はおらず
チェックしたことで これからの課題がよくわかりました
気を引《ひ》き締《し》めて取り組みます
むしろ自《みずか》らこのように美樹に言ってきたほどであった
私いま
はっきりと感じた
組織が成長してるんだ――
その人らしく生活できる介護現場へ
また一歩近づいたことを実感した美樹であった

ポイント解説！

カッチャ！

目標までの心理的変化

いよいよ美樹の業務改善の成果が見えるようになってきました。当初、反対していたスタッフも、今では美樹と一緒になって業務改善に取り組んでいます。では、スタッフの心境には、どんな変化があったのでしょうか。

図9-1では、目的に向かうまでのリーダーやスタッフのモチベーションの変化を表しています。**モチベーションというのは上がったり下がったりしながら、それでも前進していくわけです。**特に最初の段階では、スタッフは、「そんなことできない」「それは無理だ」と反対・反発のオンパレードでしょう。それは、やり始めた時は、目の前にはたくさん問題が山積《さんせき》していて、通常の業務を維持《いじ》するのが精一杯《せいいっぱい》だからです。しかし、どこかでその状況を打《だ》破《は》しなければ、その状態は永遠に続きます。むしろ

図9－1　モチベーションの変化

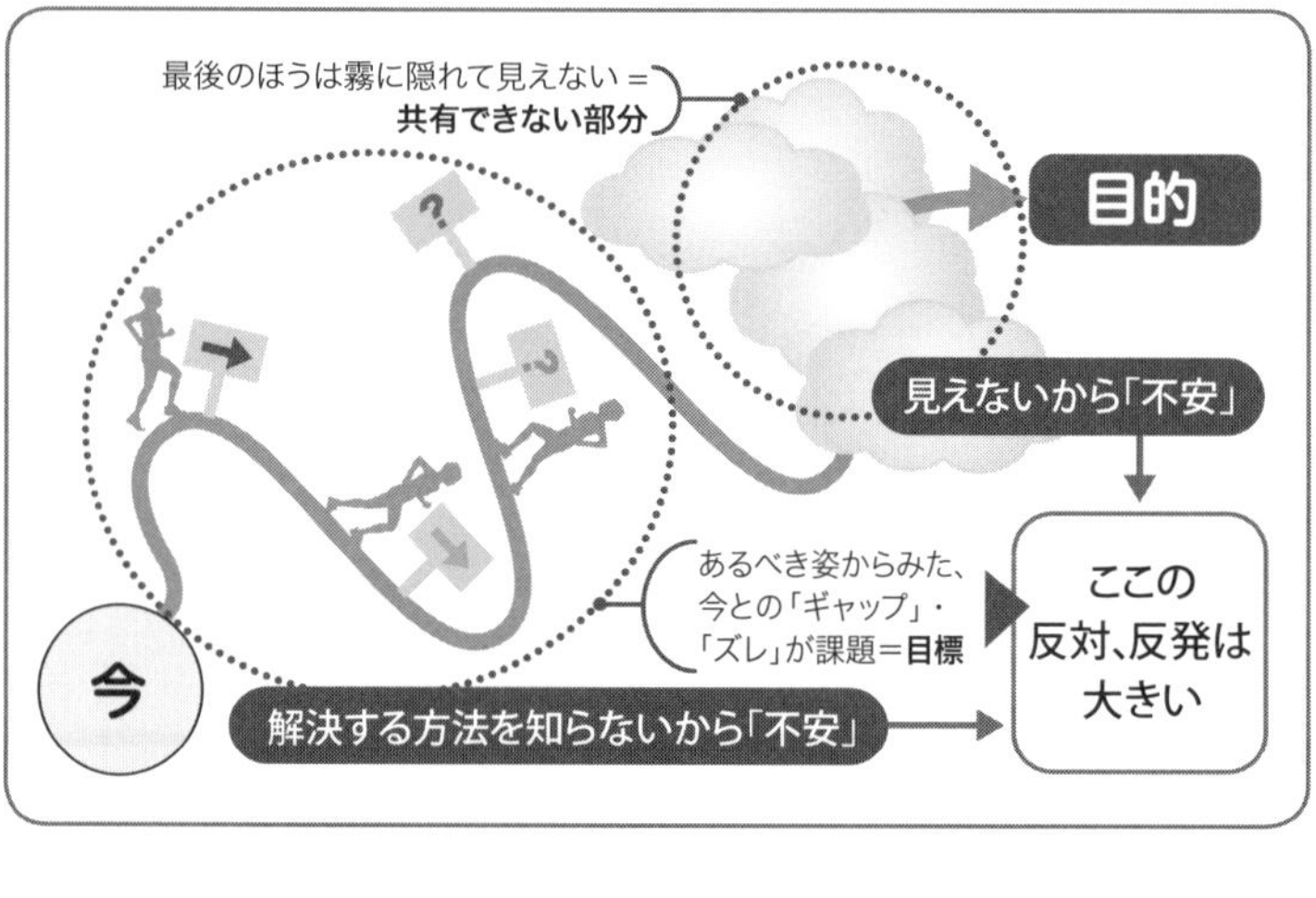

最後のほうは霧に隠れて見えない＝
共有できない部分
目的
見えないから「不安」
あるべき姿からみた、
今との「ギャップ」・
「ズレ」が課題＝目標
ここの
反対、反発は
大きい
今
解決する方法を知らないから「不安」

問題を放置しておくことで、維持よりも退化していくことも考えられます。もちろん、このような介護現場では利用者もスタッフも決して「ハッピー」ではありませんよね。ここで、皆さんに業務改善を進めていくうえでの基本原則である、ＰＤＣＡサイクルについて解説します。

1 ＰＤＣＡサイクル

業務改善におけるすべてのプロジェクトは、❶計画（Plan）、❷実行（Do）、❸評価（Check）、❹改善（Action）の４つのプロセスを踏まえて進めていきます。

❶計画（Plan）

プロジェクトの目的、目標、計画など、プロジェクトの骨組みとなる部分で、成果の重要な部分を占める。一見、その通りにいかないので無駄《むだ》に思えるが、何度もＰＤＣＡサイクルを回していると最終的に実行に見合った計画が立てられるようになる。

❷実行（Do）

計画したことを行う。この時には、ホウレンソウ（報告・連絡・相談）をしっかりとし、自分勝手にやめたり、変えたりすることがないように気をつける。

❸評価（Check）

計画したことが、計画通りに動いているかどうか評価する。決めたことが進まず、そのまま自然消滅するパターンの多くは、計画時にこの評価が入っていない。うまくいっているを評価したなら、なぜうまくいっているのか、うまくいっていないと評価したなら、なぜうまくいっていないのかを分析し、次の改善行動へとつなげていく。

❹改善（Action）

評価で話し合われた結果や分析をもとに、新たな改善行動を実施する。

この4つのPDCAサイクルをぐるぐる回していくことが、現場の質を上げていく方法です。しかし、介護現場の多くは、ただやみくもに「実行」ばかりで、計画も評価もなく、ただやってうまくいくかどうかの「出たとこ勝負」です。残念ながら業務改善を一発で成功させるのは至難《しなん》の業《わざ》です。まず、施設の中でやっている取り組みすべてが、PDCAサイクルに落とし込まれているかどうかチェックしてみてください。

1 継続力を高めるための評価

プロジェクトを始める際によく聞く話が、「決めたのに始まらない」「始まったけどいつの間にか終わる」というものです。**この原因は、スタッフがサボっているから、やる気がないからではなく、「評価がない」からです。**確かに計画で決めたことをそのまま実行できれば問題ありませんが、なかには、急な欠員が出た、施設のイベントがあった等、どうしても新しい取り組みができないこともあります。それは、スタッフが悪いのではなく「仕方がない」もしくは「計画自体が失敗」ということになります。しかし、それをそのまま放置していれば、失敗のまま終了ということになり、「じゃあもう一度、仕切り直してやってみよう」という雰囲《ふんい》気《き》ではなくなるでしょう。

こうならないためにも、計画の段階で「○月○日に一度、チェックしよう」と決めておくことが大切です。そして、ここで出た結果の「良し悪し」を判断するのもいいですが、それよりも、この結果を踏まえて次回はどのようにするのかを考えます。ここで重要なことは、「誰《だれ》がやったか」を考えないことです。「あの人がやってうまくいったけど、別の人だとうまくいかない」だと、それでは、業務改善の仕組みとしては不十分です。**うまくいかなかったことは〝誰が〟の「個人責任追及」ではなく、〝なぜ〟の「原因追究」をしましょう。**この原因も1つではないはずです。大事なことは、リスク対策のようにたくさんの「原因」を見つけることです。

1 モチベーション維持にも必要なチェック体制

もう1つ、**業務改善は長期戦です。**そうなると業務改善に対するスタッフのモチベーションを維持するのも一苦労です。そこで、役に立つのがこの「評価」です。どうしても「うまくいった、いかない」の「印象レベル」だと、業務改善の成果や進捗状況《しんちょくじょうきょう》が正確に見えてこないため、短絡的《たんらくてき》に「良い」「悪い」の判断をしてしまいがちです。しかし、「全部良い」「全部悪い」ということはなく、良いものと悪いもの（うまくいっているもの、いっていないもの）が混在《こんざい》しているのです。それを評価によって明確にしていけば、1つうまくいっていないことがあっても、他はうまくいっていることがわかりますので、全体として「うまくいっているよね」と安心できます。また逆に、全体的にうまくいっているように見えても、実は、この部分はうまくいっていないというのも見えてきます。

そして、モチベーションに関して重要なのは、この評価によって**どんな小さなことでも、うまくいっていることをみんなで共有し、喜ぶこと**です。美樹が目的とした「その人らしく生活できる介護現場」に変わるためには、たくさんの課題を解決する必要があります。その課題の大きい、小さいにかかわらず、やはりうまくいった時は、「良かったね」「できたよね」と声をかけ合うことが大切です。

第10講座

利用者を中心とした介護へ

業務改善を始めて8か月
さまざまな取り組みが
立ち上がり
PDCAサイクルによって
その活動も継続的に
行えるようになった
そして何よりも この安定した
職場環境によって退職者は減少し
スタッフの紹介で
入職してくるスタッフもいて
「人手不足」は
いつの間にか解消
されていた
人手不足解消
によって
さまざまな取り組みが
できるのだと
当初は思っていたが
実際は「さまざまな
取り組みを通じて
人手不足が解消される」
ということだ
豊田さんのおかげで だいぶ その人らしく 生活できる介護現場に なったわね
ありがとう!
いえいえ
そんな豊田さんにね 実は「夏祭り」の 実行委員長を やってもらいたいの!
!!
「夏祭り」とは 特養ひまわりが 中心となって 年に1回 地域住民や関係者を集めて行う かなり大がかりなイベントで 実行委員は地域の人 50名で構成され 来場者は1000人以上 地元のテレビも取材に来る 一大プロジェクトである
むむむ ムリです!!
この私が できるわけない …
いえ! ぜひやらせて 頂きます
ハッ

小早川さん！やーだよかった強力な援助ができたわねっ
ええっ
これで大丈夫！
じゃあヨロシクー♪
キャっ♡
ちょっ…
なんで淳史さんが返事するのよ〜〜！
プッ
キィ〜ッ
実はこれ理事長からの命令なんだ
美樹の活躍《かつやく》が認められたんだ
夏祭りが終われば美樹は法人本部に入って他施設の業務改善を行うことになっている
——は!? 何それ…
オレが理事長に美樹を推薦《すいせん》したその手始めの夏祭りの実行委員長ってわけだ
そっ そんなの絶対ム——
ひーっ
はい じゃあコレ いつもの宿題ね
○あなたはどんな夏祭
◇それはどうしてですか？
!!
明日提出な
コツ
コツ
コツ…
ダメだ…!!
断るスキもない…
いつもだけど…
あなたはどんな夏祭りにしたいですか？それはどうしてですか？……か
翌日——
ほう いいね
「利用者さんが中心の夏祭り」！

今まで利用者さんは「お客様」的存在で見学したり余興《よきょう》を見るだけだったでしょう?
でも 本来は利用者さんが中心になって地域住民と触れ合うことこそ 夏祭りの目的なんじゃないかって
すべてとはいかないけど
利用者さんの余興《よきょう》と出店を目標にしてやりたいの
そして第1回夏祭り実行委員会当日——
ひえ——っ!! お偉《えら》いさんばっかりっ
法人本部や他施設の施設長地域の町内会長に…
りっ理事長まで!!
普段 こういう場にはめったに来ないのに…
豊田さんお願いします!
なんで
あっハイ!!
あっ あの…今回委員長をつとめさせていただきます
豊田美樹と申します…!

しいん…
うわぁ すごい アウェイ感…
こっ 今回の 夏祭り なんですが…
今までと 少し趣向 を変えて
特養ひまわりの 利用者さんを中心に プログラムを考え たいと思います
そんなこと できるのか!? 何か事故があってから じゃ遅いんだ!
今まで通りで いいじゃないか そんなのは理想論 でしかないだろう ムリムリ!!
施設長の 一言で
ザワッ
みんな ざわつき 始めた…
ザワ
どうしたら――
よしっ
施設長の おっしゃりたいことは わかります

10

確かに 今まで通りに行えば問題はないでしょう
でも それは〝問題がない〟だけです
私たち介護職は問題がなければそれで良いのでしょうか
この8か月 私は特養ひまわりでさまざまな取り組みをしてきました
それはその人らしく生活できる介護現場を作るためです
最初は誰《だれ》もが無理だと言いました 理想論だと言いました
でも
協力してくれる人 導いてくれる人がいたおかげで それが実現できたんです
淳史さん 笑顔だ――
今回 そのやり方を使ってこのプロジェクトを進めていきたいと思います
資料をご覧下さい
私はこの夏祭りを「住み慣れた地域でその人がその人らしく生きる」ためのきっかけだと思っています
この夏祭りを利用者さんと地域住民が触れ合うきっかけの場にしたい――
皆さん意見を出し合いながら成功させましょう!

パンッ
パン
パン
理事長!?
ワー‼
パチパチパチパチ
ポンッ
パチ パチ パチ パチ
パチ パチ パチ パチ
パチ パチ
!!
淳史さん
今
もしかして——
いやあ
いいねー
あっ…
ハイ
あれも
やろう
こうして美樹の
夏祭り実行委員長が
スタートした

10

準備で多忙をきわめたが
淳史から教わったことを十分に活《い》かしていった
会議手法やPDCAサイクルを回すことで
次々に発生する問題を乗り越えてきた美樹であった
しかし まさかの本番3日前
利用者のつきそい係で毎年手伝ってもらっているボランティアさんが30名
急きょ来られなくなった!
そんな…ただでさえギリギリの人数なのに
3日で30人も!?
大丈夫です!
なんとかなりますよ
どっひゃーーー!! どうしよう~~!!
内心↓
落ち着け~「人手不足」は以前 解消したじゃない そう こういう時は
「質問会議」で対応策を話し合いましょう
ではこれから30分各グループで人手不足解消策を考えてください
え……
最初は重苦しい雰囲気《ふんいき》だったが
徐々に議論は活発になり 次第に笑いも起こるほど盛り上がった
そして多くのグループから「地域の人からボランティアを募《つの》る」という意見が出た
しかし 30名もこんな急に引き受けてもらえるかわからない

じゃあ 安全対策チームは危険箇所《きけんかしょ》の見回りとその対策
他のチームはボランティアさんが動きやすいようにマニュアルを作っておいてください
あと 夏祭り前に30分ほど簡単に研修を行い 自信のない方には現場指導を行いましょう
これはすべて淳史さんから教わって実践してきたことと同じ
なるほどー
よし！やろう
目標を決める
役割を明確化する
会議で決める
研修…
美樹のなかで「リーダーシップの考え方とその行動」が一直線につながった
次の日 マニュアルを抱え近所の家を一軒一軒訪問した
町内会長も同行してくれたので怪《あや》しむ人はいなかったが
ちょっとこわいわ
えっ
けがなんかさせたら大変だし…
リスクに対する不安が多かった
そこで マニュアルを見せ研修も行うことを伝えると
これならできるかも！
地域の交流は私たちも関心あるしね
なんと その日のうちに30名のボランティアが集まったのだった
やったー！
しせっちょう…
そしていよいよ——
みなさん本日はご来場ありがとうございます

10

思いきり
楽しみましょう！
夏祭り
スタートです!!
わあっ!!
夏まつり
夏祭りは大いに
盛り上がった
ワイ
ワイ
できたぁ〜
やった〜
すごいです
ある利用者は余興《よきょう》
が終わると
涙を流して喜び
ある利用者は 難しい
折り紙を小学生に教え
まつり
ねえ
ママ——!!
おばあちゃんに
ならってこんなの
できたよ！
アンタは男を
甘やかしすぎだね〜
直さないと
苦労する相《そう》だよ
占いをやって恋愛話で
意気投合している利用者
もいた
なんで
わかんの——？
ほほほ
占い
すごい…
こんなに嬉しそうな
利用者さんの顔
初めて見た…
利用者さんは
「介護される
高齢者」
ではなく

確かに「夏祭りの主役」なんだ
こうして夏祭りは大成功に終わり
最後の実行委員会で美樹は最大の賞賛《しょうさん》を受けたのだった
そして――
淳史さんが1週間前に退職した!?
独立して起業する!?
そうなのよ～大きな仕事をやるみたいよ～知らなかったの?
あっ夏祭りで忙しかったのかー
そうか――
もーアタシもショックでぇ
なんだかそんな気がしてた…
実はこんな話を人づてに聞いていた
淳史さんが前の会社ですべてを失い路頭《ろとう》に迷いかけていた時
ある意味「拾ってくれた」のが理事長だったそうだ
君を雇《やと》う条件は君が成果を上げることじゃない
リーダーを育てることだ
そのリーダーが私だった

10

そして
肩をたたかれたのが
理事長からの
「合格通知」だったんだ
あの時
淳史さんが
泣いている
ように
見えたのは
きっと
気のせいじゃ
ないよね
夏祭りから
4か月――
では
よろしく
頼むよ
理事長室
はい
頑張ります!
私は
「法人本部
教育担当主任」
という辞令《じれい》を
受けた
特養ひまわりだけでなく
法人内のさまざまな事業所を
回ってスタッフの指導を
行うという
重責《じゅうせき》のある役職だ
私の後任にはあの
園山がつくらしい
まあ
適任だわね
あっコレ
理事長から
昇進祝いって
もらったけど…
オレが
リーダーだっ!!
なんだろ?
みてみよっと
美樹へ――

◎あなたはどんな地域を作りたいですか?
◎それはどうしてですか?
リーダーシップは「考え方」と「その行動」だ!
頑張れ美樹
小早川 淳史
…も～ なんなのよ
ぐすっ
最後までカッコつけだし また宿題だし…
これからお前にリーダーシップに必要な10の教えをレクチャーする!
あれから1年たったんだ…
あの声が今でも心の中に響いてる
よーし!
ちゃんと見ててよ淳史さん!
そこにあったのは逃げてばかりだったかつての美樹ではなく
成長した介護リーダーの後ろ姿だった

10

ポイント解説！

カッチャ！

いよいよ最終話となりました。美樹と淳史で始めた業務改善は、特養ひまわりだけのことでしたが、ついに地域にも広がっていきます。今までの復習の意味も込めて、美樹が学んできたリーダーシップの考え方とその行動について解説していきます。

1 これから介護リーダーに必要な〝本当の〟利用者中心の考え方

❶その人らしく生活できる＝利用者中心の介護

今回のストーリーで美樹が最初に打ち立てた目的に「その人らしく生活できる介護現場」というものがあり、その目的に向かってさまざまな目標を立てて進んできたわけです。結局、「その人らしさ」というのは何かというと「利用者中心の生活の場」を作ることであり、利用者を生活の場における**「客体（ゲスト）」から「主体（ホスト）」に変えるということ**です。介護施設の中には、スタッフばかりがバタバタと動き回り、利用者は何もせずにじっと座っているだけの現場があります。これは利用者中心ではありませんよね。

介護施設のサービスとよく比較されるのが「ホテル業界」です。たとえば、ホテルに倣《なら》い「ホスピタリティ」や「おもてなし」といった「サービス強化」に取り組んでいる介護施設は多くあります。それは大事なことですし、否定する気はありません。しかし、介護施設はホテルではありません。ホテルは「宿泊しに行くところ」であり、「客体としてのサービスを受けに行くところ」です。しかし、介護施設は、「その人が生活する場」であり、「主体としてサービスを受けるところ」です。そして、その主体的にできない部分を「介護」するのです。その介護する部分としない部分を絶妙に見極めながら、**生活の場の主体としてサポートするのが介護職の専門性**ではないでしょうか。

❷今一度、介護保険の原点に戻ろう！

皆さんは、介護保険法の一番初めに書かれている文章をご存じでしょうか？　そこには、「その有する能力に応じ自立した日常生活を営むことができるよう」と書いてあります。何でもかんでも手伝って、利用者を喜ばせるために支援するわけではないのです。

たとえば、「夏祭り」というイベントは何のためにやるのでしょうか？　美樹は、「利用者中心の夏祭りをしたい」と言いました。その目的は「住み慣れた地域でその人がその人らしく生きるため」です。そのための夏祭りをやろうとしたのです。もちろん、周りは大反対です。「何かあったら」「けがでもしたら」のオンパレードです。その気持ちはよくわかります。しかし、だからといって、なんでもスタッフ中心にやってしまえば、美樹の言う通り「問題がない」だけです。

本来、人は生活していけば当たり前のように問題が起きます。皆さんのなかにも「私の生活にはまったく問題がない」という人はいないでしょう。お金、健康、将来性、仕事、子育て……生きていれば問題は次々と発生します。でも、**その問題や悩みを含めて「主体として生活している」ということになるのではないでしょうか。**

リーダーの行動は仕組み作り

美樹の目指した「その人らしく生活できる介護現場」に変えていくプロセスや、今回の夏祭りを「利用者中心」に変えていくプロセスを読んでどう思われましたか？　美樹の取った行動は、

①目的、目標を明確にする
②話し合いの場をデザインし、情報の流れを作る
③役割分担、業務分担を明確にして、メンバーが動きやすいようにする
④リスク対策を行い、安全性の確保とスタッフのストレス軽減を図る
⑤教育対策を行い、再現性を高く保つ
⑥すべての取り組みをＰＤＣＡサイクルに落とし込む

という6つでした。

どれも美樹が行ったのは「仕組み作り」です。**本書で美樹が歩んできたリーダーシップの行動は、常に「仕組み作り」だったのです**。その規模がどうであれ、特別養護老人ホームでもデイサービスでもグループホームでもこれは同じです。

もちろん、この仕組みを動かす原動力は、あなたの「感情」です。しかし、感情だけでは周りは動いてくれません。その想いが強ければ強いほど、周りはさらに動けなくなります。それは、自分しか見ていない映画の面白さを伝えるようなものであったり、スイーツのおいしさを食べていない人に伝えるようなものです。その映画が面白ければ、面白いほど、そのス

イーツがおいしければ、おいしいほど、感情が強くなりすぎてうまく伝えられないのです。
つまり、皆さんの想いをいかに「仕組みに変えて伝えられるか」がポイントなのです。

淳史は、一番初めに美樹にこう言いました。「リーダーシップとは『考え方』と『その行動』だ」と。**その考え方とは本当の意味での「利用者を主体とした生活の場づくり」であり、その行動とは「その仕組み作り」です。**この2つを行っていくことが介護リーダーとして、あなたが大活躍《だいかつやく》するための道標《みちしるべ》だと思います。

おわりに

本書は、企画から制作までを含め2年以上の時間を使って書き上げました。まず、介護リーダーのサクセスストーリーをどのような「伝え方」で、実際に日々、現場で頑張っている介護リーダーの皆さんに伝えられるのか。文章だけの表現だと拙稿「笑顔あふれる介護現場に変える！　介護リーダー物語」として、『おはよう21』（中央法規出版、２０１１年4月号～２０１２年11月号）で書きました。しかし、今回、私三好や編集者の堀越良子さんがこだわったのは、その「温度」をいかに伝えるかということでした。そして、長時間のミーティングを重ねて出たのが、この「マンガで伝える」手法だったのです。これは、普通に文章を書くよりも大変な作業でした。一番、大変だったのは、私の頭の中にあるものを的確にマンガにしてくれた漫画家の國廣幸亜さんだったかもしれません。両氏ともに感謝申し上げます。

リーダーシップというのは、まさにストーリーです。最初は、誰しも美樹のように何をして良いのかわからないところからスタートし、さまざまな問題を解決していくことでリーダーになっていくのです。

今でこそ介護リーダーについての執筆や講演でこのようなことを伝えられるようになった私ですが、いまだに〝あのシーン〟を思い出します。それは、今から10年前のことです。初めて私が担当した介護施設での業務改善会議です。その日の会議は「各部署の目標を提出する」というのが議題です。10以上ある部署のなかで、実際に提出したのは2部署だけ。しかも、そのうち1部署は、チラシの裏に鉛筆で書いていました。「あ〜やっぱりだめだ〜」と、そのチラシの裏に書いてきたスタッフよりも、提出しなかったスタッフよりも、目標の重要さを伝えきれない自分自身に腹立たしい思いをしたのを鮮明に思い出しました。そこから10年間で、おそらく1000冊くらいの本を読み、大学で経営を学び、病院や介護施設で数百のプロジェクトを行ってきました。そんな私でもいまだに失敗して、うまくいかないことは多々あります。しかし、そこで気づいたことは、

「失敗を含めて、いかにストーリーを描けるか」

なんです。失敗しないリーダーはいません。成功だけのリーダーもいません。大切なのは失敗しても成功しても、リーダーの考え方とその行動によって、メンバーを率いて前進していくことなんです。今回、主人公の美樹が示してくれたのは、淳史から教わった「テクニックの数々」ではありません。美樹の「その人らしく生

活できる介護現場」を実現するための「リーダーとしての姿勢」です。

10年前の私のように、第1講座の美樹のように、「リーダーになったけれど、何をして良いのかわからない」という介護リーダーはたくさんいると思います。本書は、そんな悩める介護リーダーがこれから作り出す「サクセスストーリー」の最初のシーンになれば良いと思っています。

私のサクセスストーリーは、ある本を手にしたところから始まる……。

では、また皆さんにお会いした時には、サクセスストーリーを失敗談込みで教えてください。ともに素晴らしい介護現場を作っていきましょう!

平成26年4月

三好　貴之

プロフィール

三好 貴之
（みよし・たかゆき）

株式会社メディックプランニング 代表取締役
経営コンサルタント／作業療法士
株式会社楓の風 リハビリテーション颯 FC事業部
スーパーバイザー
株式会社保健・医療・福祉サービス研究会
リハビリテーション事業 講師

専門は、人材育成・業務改善からの経営戦略立案で「人と業績を同時に伸ばす」をモットーに多数の病院・介護施設のコンサルティングを実践中。その手法は、自らも現場のセラピストとしてリハビリテーション業務を行いながら、同時にリハビリテーション部の部署マネジメントから病院・施設全体の経営管理を行うことで業績アップに導いている。特に近年は、リハビリを強化したなかでの医療―介護連携モデルを提唱し、年間1000名を超える医師・看護師・理学療法士・作業療法士・介護職など病院・介護施設の管理者へのマネジメントやリーダーシップに対する指導とアドバイスも行っている。

ホームページ
http://medicplanning.com/

マンガ
國廣 幸亜
（くにひろ・ゆきえ）

マンガ家 介護福祉士

1976年5月9日大分県生まれ、愛知県育ち、現在は東京在住。幼少の頃よりマンガ家を志す。
1995年上京。会社員をしながら相変わらずマンガ家を志し投稿の日々。
1998年講談社 BE・LOVE誌上にて「ささら」でデビュー。
現在、介護福祉士として働きながら創作活動を続ける。マンガ『介護のオシゴト』で介護の世界をユーモラスに描く。
著書に『介護のオシゴト』1～4巻、『ユキ先生!お元気ですか!?』『42.19GO!!―運痴女のフルマラソン挑戦記』（以上、秋田書店）、『晴太郎日記 いっしょに歩こう』（講談社）、『だんじり母ちゃんとコシノ3姉妹』（マガジンハウス）がある。

ホームページ
http://www.geocities.jp/mitsutamahouse/

マンガでわかる介護リーダーのしごと

2014年5月20日　初　版　発　行
2023年10月5日　初版第9刷発行

著　者…………… 三好　貴之
マンガ…………… 國廣　幸亜

発行者…………… 荘村　明彦
発行所…………… 中央法規出版株式会社
〒110-0016　東京都台東区台東3-29-1　中央法規ビル
TEL 03-6387-3196
https://www.chuohoki.co.jp/

印刷・製本……… 株式会社太洋社

装幀・本文デザイン……… 株式会社インタービジョン

定価はカバーに表示してあります。

ISBN978-4-8058-5030-5